J'AI MAL
À MON RUGBY

ISBN : 978-2-263-15886-5
Code éditeur : S15886P
Dépôt légal : mai 2019

Retrouvez-nous sur www.lisez.fr

Solar, un département d'**Édi8**

OLIVIER MAGNE

J'AI MAL À MON RUGBY

AVEC CHRISTIAN JAURENA

SOLAR
EDITIONS

Introduction

Je n'ai pas subitement décidé de m'engager ; je l'ai toujours été, aussi loin que je m'en souvienne. J'aime trop le rugby pour rester indifférent à ce qui lui arrive. Si, jusqu'à présent, je faisais entendre ma voix en petit comité, je veux aujourd'hui, à travers ce livre, m'adresser à tous ceux qui, comme moi, ont mal à leur rugby. Entendons-nous bien : je n'ai rien de personnel contre Bernard Laporte, mon entraîneur pendant sept ans en équipe de France, mais j'ai de profonds désaccords avec le président de la Fédération qu'il est devenu. J'ajoute que ceux qui sont ses opposants déclarés aujourd'hui étaient, hier, aux commandes du rugby français. Et qu'en ont-ils fait ?

Il y a vingt ans, quand je jouais en équipe de France, on parlait déjà de la mise à disposition des internationaux. On en parle encore et pour combien de temps ? On n'allait pas tarder à se plaindre des « doublons » dans le championnat de France, puis du nombre trop important de joueurs étrangers dans nos équipes, affectant l'éclosion de nos jeunes talents. On râlait déjà contre nos arbitres et on s'apprêtait à faire du « joueur qui avance à l'impact » le modèle à imiter. Il y a vingt ans, le rugby français entrait dans le professionnalisme, découvrait l'argent des télévisions et se trompait de route en développant des intérêts divergents entre Ligue et Fédération...

Ce qui m'a poussé à écrire ce livre, ce sont mes convictions ; celles qui ont fait de moi le joueur que j'ai été et l'homme que je suis devenu. J'étais un gamin quand le XV de France a remporté sa demi-finale de la première Coupe du monde, en 1987, contre l'Australie. Mais je me souviens de ce match, de l'émotion qu'il m'a procurée et de la vocation qu'il a fait naître en moi. J'ai voulu faire comme eux, les Sella, Berbizier, Rodriguez ou Blanco. Moi aussi, j'ai voulu être international, faire vibrer mon pays et jouer ce jeu intrépide, imprévisible que les Anglo-Saxons ont appelé le *French Flair*. Ce match du Concord Oval de Sydney est, pour les gens de ma génération, l'équivalent du Séville de

1982 où les footballeurs français ont été battus aux tirs au but par les Allemands en demi-finale du Mondial espagnol. Les Bleus de l'entraîneur Jacques Fouroux ont gagné leur demi-finale quand ceux de Michel Hidalgo ont perdu la leur. Mais qu'importe, les deux équipes ont remporté le trophée du panache, l'adhésion et l'admiration de leur pays bouleversé par l'émotion.

Douze ans après Sydney, j'ai eu la chance d'être sur le terrain de Twickenham, pour une autre demi-finale de Coupe du monde, encore plus fantastique : cette fois ce sont les All Blacks qui ont été emportés par notre enthousiasme et notre audace. De nombreux commentateurs ont qualifié cette rencontre de « plus grand match de l'histoire du rugby », devant l'Australie-France de 1987 et le Barbarians – All Blacks de 1973 ! Nous pouvions être fiers et beaucoup moins surpris qu'on ne le croit : notre équipe ne venait pas de nulle part, comme on l'a dit. Nous avions des convictions sur notre jeu, portées par Jean-Claude Skrela et Pierre Villepreux, un de mes mentors. Nous avions aussi des certitudes appuyées sur les deux Grands Chelems consécutifs, dans les Tournois des Cinq Nations 1997 et 1998, exploit qu'aucune autre équipe de France n'a réalisé.

Cela fait vingt ans. À cette époque, le rugby français n'était peut-être pas le meilleur du monde, sur la régularité, mais il pouvait rivaliser avec n'importe qui. Le jeu du XV de France était porté par une culture commune malgré la diversité de nos écoles. On ne jouait pas de la même manière au Pays basque qu'en Auvergne mais nous possédions tous les mêmes bases techniques et tactiques. Le rugby était peut-être un sport régional mais il savait soulever un élan national dans les grandes occasions. Les autres sports nous enviaient notre convivialité et notre solidarité. Elles faisaient notre force de séduction auprès du grand public comme auprès des partenaires financiers. Mais, depuis, la situation n'a fait qu'empirer, petit à petit.

Nos dirigeants ne s'étaient pas préparés au professionnalisme. Ils l'ont subi. Personne n'a anticipé les effets néfastes d'une poule d'élite unique avec deux relégations. Le Top 14 est devenu un monstre de puissance mais aussi de suffisance. Le meilleur championnat du monde ou le plus riche ? D'année en année, son jeu s'est appauvri alors que les autres championnats européens proposaient un jeu toujours plus offensif, plus proche des standards du haut niveau international. Il ne faut pas chercher ailleurs les raisons du lent déclin de l'équipe de France. Même si on en revient aujourd'hui – et je m'en félicite –, la formation française a privilégié l'affrontement à l'évitement, la musculation des jeunes à leur éducation tactique et technique. Au pays de Codorniou et de Blanco, on a érigé une autre représentation du joueur modèle et Sébastien Chabal est devenu la star nationale de notre sport. Ce n'est pas ce rugby-là que m'a appris Pierre Perez, mon autre mentor, qui m'a fait aimer ce sport plus que de raison. Comment s'étonner, dès lors, que les audiences des matches télévisés soient en baisse, comme le nombre de licenciés, et que les accidents graves – et hélas, parfois mortels – soient en augmentation ?

Je ne dis pas que les intérêts des clubs doivent s'effacer derrière ceux de l'équipe de France. Je suis même persuadé que la base de l'épanouissement du joueur international reste son club. Mais à condition que les clubs ne délaissent plus leur rôle éducatif et formateur. Aussi important que soit l'investissement d'un actionnaire majoritaire, celui-ci ne doit pas occulter la dimension culturelle et sociale de son club, enraciné dans sa ville et dans sa région.

Au contraire, les joueurs doivent être instruits de l'histoire de leur cité et des anciens qui ont porté leur maillot avant eux. Le club doit avoir la préoccupation de les intégrer dans la vie locale. Sportivement, une équipe n'est jamais aussi forte que lorsqu'elle se bat pour gagner non seulement pour elle, mais aussi pour sa communauté. J'ajoute qu'il est très épanouissant pour les joueurs, même s'ils ne sont que de passage, d'être bien intégrés et responsabilisés. Si, parce qu'on les paye bien, on considère qu'ils doivent la fermer, il ne faut pas se plaindre, après, de manquer de leaders en équipe de France, d'autant plus que les joueurs cadres de la plupart de nos clubs professionnels sont des étrangers.

Quand j'étais petit, quand j'ai découvert ce jeu avec mes frères et mon père, employé municipal affecté au stade Jean-Alric, à Aurillac, on disait que le rugby était « l'école de la vie ». J'enrage de voir ce qu'est devenu mon sport ; de m'ennuyer dans des tribunes où la place est vendue cinquante euros ; d'avoir peur, avec mon épouse, de voir nos fils partir au rugby ; d'admirer les adversaires plus audacieux et entreprenants que l'équipe de France ; de voir le maillot bleu barré du nom d'un sponsor qui est, en plus, le propriétaire d'un club de Top 14...

J'ai beaucoup d'amertume et de craintes mais je reste confiant dans l'avenir de notre sport. Dans ce livre, je développe quelques idées, fruit d'une longue réflexion que je me suis imposée autant sur le jeu et la formation que sur la gouvernance du rugby français. Je suis persuadé que les deux sont intimement liés et qu'il n'existe pas de solution miracle ni instantanée. Pour se redresser, il devra s'unir. Le progrès passera par un consensus entre toutes les parties prenantes, amateurs et professionnels, Fédération et Ligue. Voilà ma contribution au débat qui doit s'ouvrir. Il y a urgence.

Chapitre 1

Le tournant du jeu dans le mauvais sens

J'ai joué pendant dix ans en équipe de France, de 1997 à 2007, mais j'ai eu le regret de ne pas la quitter dans l'état où je l'avais trouvée en arrivant. Sur l'instant, je n'en ai pas eu pleinement conscience mais, avec le recul et l'analyse, je me rends compte que le lent déclin du XV tricolore s'est amorcé alors que je portais encore le maillot bleu. Par cet aveu, je ne viens pas vous livrer le coupable même si je dois, comme tous les joueurs de ma génération, assumer une part de responsabilité. Il y a quelque chose que nous n'avons pas su transmettre à nos successeurs et qui s'est perdu. La faute en incombe aussi, et surtout, à la classe dirigeante de l'époque qui n'a pas su, ou voulu, capitaliser sur les joueurs qui arrêtaient leur carrière pour servir de relais dans cette transmission.

Je ne veux pas jouer à l'ancien qui rabâche que, de son temps, c'était mieux qu'aujourd'hui. J'ai été bercé par l'histoire du rugby et des grands champions français dans d'autres disciplines. Je sais que d'immenses joueurs ont permis au XV de France d'accomplir des exploits avant que mes partenaires et moi essayions de les imiter. J'admets aussi que de très grandes performances – hélas de plus en plus rares – ont été réalisées par ceux qui nous ont succédé avec le maillot bleu.

Mais ce dont je suis intimement persuadé, c'est que le rugby français a peu à peu cessé d'être une référence pour toutes les nations du monde – y compris les Néo-Zélandais – à partir des années 2000. Ce n'est certainement pas un hasard si cette période correspond à la mise en place du professionnalisme et j'y reviendrai dans le chapitre suivant. Mais là, je veux souligner le changement d'état d'esprit et de conception du jeu qui s'est produit à la tête de l'équipe de France alors qu'elle était encore la vitrine du rugby national, ce qu'elle n'est plus aujourd'hui.

En Bleu, j'ai commencé par le meilleur, avec des résultats inégalés (deux Grands Chelems consécutifs en 1997 et 1998 et une finale de Coupe du monde en 1999) mais surtout un plaisir de jeu incroyable et des émotions hallucinantes partagées avec notre public. Cette demi-finale de Twickenham où nous emportons les All Blacks par notre rage défensive et notre furia offensive, a été l'apothéose de ma carrière.

Je vais peut-être en surprendre beaucoup mais ça n'est pas si important que ça, pour moi, de ne pas avoir été champion du monde. Bien sûr que nous aurions aimé gagner cette finale. Peut-être même qu'on aurait pu la gagner avec une autre préparation, même si je me souviens que nous étions cuits physiquement et qu'il a fallu se remettre de l'énorme charge émotionnelle suscitée par notre victoire contre les Blacks. La marche était peut-être trop haute face à une équipe d'Australie qui était l'une des meilleures de son histoire.

L'essentiel est ailleurs : avec cette équipe, nous sommes allés au bout de notre aventure. Nous avons tout donné, jamais frustrés et toujours fiers d'avoir procuré tant d'émotions. Nous avons écrit une belle page de la légende du *French Flair*. Rien que d'y penser, j'en ai encore des frissons. Ces trois années n'ont pourtant pas été sans histoires, ni sans accrocs. Il y a eu des matches fabuleux, comme ceux où on met cinquante points aux Gallois ou aux Écossais, où on marque des essais de quatre-vingt-dix mètres, et d'autres, où c'était un peu moins ouvert. Mais nous avons su nous adapter et cette capacité nous a permis aussi de savoir gagner les matches compliqués.

Si on est arrivés en finale de la Coupe du monde, c'est parce que la philosophie du jeu de nos entraîneurs, Jean Claude Skrela et Pierre Villepreux, est restée la même, quels que soient l'adversaire ou l'enjeu. Quelle que soit la difficulté rencontrée, il y avait une conviction, une volonté de persévérer dans cette direction, qui n'était pas une lubie mais le fruit d'une profonde réflexion. J'ai toujours eu foi dans ce jeu-là. Il me plaisait pour sa dimension ludique qui faisait si peur à nos adversaires. C'est quand même pour elle que je me suis lancé dans le rugby : pour m'amuser avec mes copains, pour avoir des sensations.

Vingt ans après, des gens viennent encore m'en parler. On les a marqués parce qu'on a fait des choses qui sortaient de l'ordinaire. Le *French Flair* était représenté dans toute sa grandeur, dans tout ce qui fait son charme. Les Français se reconnaissaient complètement dans cette identité de jeu. Dans la furia des Bleus, capables de renverser les montagnes en faisant preuve d'initiative et de créativité…

Il y avait dans notre expression quelque chose de chevaleresque. La satisfaction est là, en dépit de notre défaite en finale face à l'Australie (35-12). C'est un peu comme les footballeurs des Pays-Bas en 1974. L'équipe de Johan Cruyff n'a pas été championne du monde, c'est l'Allemagne qui a gagné, mais on retient le beau jeu des Néerlandais qui a enchanté le monde entier. Ils ont déposé un football qui a marqué et inspiré.

Voilà ce que je retiens d'essentiel. Je me doute que tous mes coéquipiers ne partageront pas ce point de vue comme, à l'époque, ils n'adhéraient pas totalement au jeu que prônaient nos entraîneurs. Il y a toujours eu dans le rugby français des différences, des querelles d'écoles. Tous les entraîneurs de clubs n'étaient pas adeptes de ce jeu de mouvement et d'initiative, certains lui préférant un jeu plus programmé avec moins de prises de risques.

Bernard Laporte était de ceux-là. Fort de ses succès avec le Stade Français, il a été choisi par Bernard Lapasset pour succéder à Skrela et Villepreux, pour le Tournoi 2000, le premier à six nations. Avec son adjoint Jacques Brunel, ils ont mis en place un système de « blocs » où des joueurs devaient rester dans des couloirs prédéfinis et, après l'exécution d'une action programmée, attendre que le ballon leur revienne pour se retrouver dans des espaces libres ou face à des défenseurs lents. Ces principes étaient novateurs et efficaces mais auraient mérité plus de liberté et d'adaptation. Dans certains matches, ce système me demandait moins de déplacements si bien que j'avais l'impression de ne pas avoir donné la pleine mesure de mes moyens. Je me devais de respecter les positions attribuées sur les lancements, mais je trouvais ça limitant. Serge Betsen était comme moi. Son jeu le portait au cœur du combat, tu ne pouvais le laisser sur un côté ; il a été bercé à ce rugby total où tu suis le mouvement, où tu te déplaces, observes et réfléchis avant d'intervenir. Pas ce rugby d'échiquier, de placement, où tu prépares l'action future sans véritablement savoir comment va se terminer l'action présente. J'ai toujours préféré jouer en réaction spontanée avec l'action en cours pour donner une réponse à la question posée. Donc, j'ai fait au mieux pour m'adapter à ce système.

Après, il a bougé, il y a eu des améliorations. Le Grand Chelem de 2002 a aussi fait comprendre à Bernard Laporte qu'il disposait de joueurs comme Dominici, Galthié, Ibanez, Pelous, Betsen, mais aussi les nouveaux Harinordoquy, Michalak, Jauzion... pétris de qualités dans le désordre.

L'intelligence de Bernard Laporte, jusqu'en 2003, a été d'associer ces deux générations et de nous permettre de prendre beaucoup de plaisir sur le terrain.

Je reste convaincu que cette équipe de France, amalgame de formidables compétiteurs qui se rejoignaient sur l'exigence du haut niveau, aurait pu être championne du monde. Il nous aurait fallu, pour cela, battre en demi-finale une formidable équipe d'Angleterre qui a su profiter des conditions du jour. J'ai croisé récemment son entraîneur, Clive Woodward, qui m'a confirmé ce qu'on avait pensé à l'époque : « Le matin du match, quand on a vu qu'il pleuvait, on s'est dit qu'on avait encore plus de chances de l'emporter… »

Passée la déception de la Coupe du monde 2003, il n'y a pas eu de changement immédiat. Dans la foulée, pour le Tournoi 2004, on a fait le Grand Chelem avec quasiment la même équipe. La transition s'est amorcée deux ans avant le Mondial de 2007. Bernard Laporte a choisi d'autres joueurs, évidemment capables d'appliquer son système de blocs mais avec moins de capacité d'en sortir. Certainement qu'avec la pression de recevoir la Coupe du monde en France, il s'est orienté vers un jeu plus restrictif. Il a choisi de s'appuyer sur des joueurs un peu plus « physiques », pour jouer un rugby, je pense, plus en accord avec ses intimes convictions.

Il faut admette qu'il était en conformité avec la tendance générale. Cette Coupe du monde 2007 a été remportée par l'Afrique du Sud avec une tactique très minimaliste, face à des Anglais arrivés en finale en verrouillant le jeu. Ça n'a pas été une Coupe du monde qui a laissé un grand souvenir. En termes de jeu, elle a été la plus décevante de l'histoire.

Après, on est passé de Bernard Laporte à Marc Lièvremont, champion du monde avec les jeunes en 2006. Bernard Lapasset, juste avant de quitter la présidence de la FFR pour celle de World Rugby, a surpris tout le monde en nommant l'entraîneur de Dax, alors en Pro D2. Marc est parti avec un projet de jeu et des principes opposés à ceux de Laporte avant de revenir en arrière, un an après, sous la pression des résultats et des médias. J'aurais préféré qu'il continue à construire dans son idée première. Quitte à perdre pendant quelques matches, il aurait posé et retrouvé les fondations du jeu qui nous fait aujourd'hui défaut.

Je ne mets pas en doute la compétence de l'homme, ni celle de ses adjoints, Didier Retière et Émile Ntamack. Mais ont-ils été soutenus au moment où c'était dur pour eux ? Est-ce que, quand ils sont partis dans le jeu à tout va, leurs dirigeants et les joueurs ont été suffisamment patients ? J'imagine que non. Son projet avait besoin de temps pour se mettre en place, mais il ne l'a pas pris, ou on ne le lui a pas donné. Il ne pouvait pas tout changer et reconstruire en six mois.

Il a su s'adapter, comme le joueur intelligent qu'il a été. Son palmarès a été contradictoire, ponctué d'exploits – comme un succès à Dunedin face aux All Blacks, pour le premier capitanat de Thierry Dusautoir, ou le Grand Chelem dans le Tournoi de 2010 –, mais aussi de cruelles déconvenues, la plus cinglante étant la première défaite face à l'Italie dans un Tournoi (2011), quelques mois avant le grand rendez-vous en Nouvelle-Zélande.

À un moment de la Coupe du monde 2011, staff et joueurs se sont perdus. Dimitri Yachvili raconte que, après la défaite contre les Tonga, les joueurs ont pris leur destin en main, par fierté et par peur d'être ridicules. Mais si Marc a sciemment provoqué cette situation, cela prouve que c'est un bon entraîneur. Volontairement ou pas, il a rendu ses joueurs autonomes, porteurs et responsables d'un projet. Bien mal embarqués avec deux défaites en phase de poules, ils s'en sont sortis avec les honneurs. Auteurs d'une Coupe du monde très moyenne, ils l'ont terminée à un point du titre (7-8 en finale face aux All Blacks).

Ce qui a été malheureux dans cette histoire, c'est que la Fédération n'a pas fait un compte-rendu objectif de ce qui s'était réellement passé et dans quel état était le rugby français. Nous étions pourtant nombreux à savoir que cette finale était l'arbre qui cachait la forêt. Ce demi-succès a fait le lit des nombreux échecs qui ont suivi.

Avec la nomination de Philippe Saint-André s'est ouverte une des périodes les plus tristes du rugby français, qui dure encore de nos jours. Choisi par défaut, parce que Guy Novès avait refusé la place, les mêmes interrogations ont entouré la nomination de ses entraîneurs adjoints : Patrice Lagisquet pour les arrières et Yannick Bru, pour les avants.

On sentait bien à travers ce que produisait l'équipe de France qu'il n'y avait pas un staff uni, armé des mêmes convictions. Au bout de trois années d'échec prévisible, le vice-président de la Fédération, Serge Blanco, est venu chapeauter ce trio. Saint-André a perdu là ce qui lui restait de consistance et de crédibilité. Surtout auprès des joueurs, certainement perdus dans ce brouillard.

Le jeu de l'équipe de France s'en est trouvé très limité. Saint-André a misé sur des athlètes pour jouer au rugby et la DTN (Direction Technique Nationale) l'a suivi dans ce « tout physique » comme principal critère de sélection, y compris chez les jeunes. Penser que le physique seul et que les trois mois de préparation pré-Coupe du monde pourraient suffire, c'était faire injure à tout ce qui fait la qualité d'un sportif logiquement construit pour le haut niveau, dès l'école de rugby. On a ainsi passé quatre ans à perdre du temps.

Le rugby français est entré dans un système où il fallait tout calculer, tout mesurer, tout baser sur des statistiques. Les ordinateurs avaient remplacé les techniciens. Mais aucun algorithme ne pourra transmettre son état d'esprit et ses convictions, ce qui est l'essence même d'un entraîneur. On peut quantifier les plaquages, les grattages, mais celui qui fait la passe juste pour envoyer le partenaire dans l'intervalle, celui qui se décale au moment de la prise de balle, comment le compter ? C'est pourtant ça le plus important, mais on a eu trop tendance à l'oublier. Le message passé aux joueurs pour évaluer leur performance individuelle reposait sur ces statistiques. Ça peut impressionner les journalistes et donner à leurs papiers une apparence savante et informée, mais le rugby n'est pas le football américain. On s'est perdu là-dedans.

Le rugby est une affaire d'intuition, de vécu, d'état d'esprit, de mental... On l'exprime à travers des sentiments, de la confiance et de la sincérité dans tout ce qu'on entreprend. Et pas à travers des chiffres rentrés dans un ordinateur. Je ne veux pas balayer l'aide des outils technologiques. Mais ils doivent être utilisés en soutien d'un projet, d'une ambition. 2015 a été une Coupe du monde fabuleuse mais avec une équipe de France incapable de répondre aux exigences de ce jeu moderne, complètement déboussolée et pas du tout à la hauteur.

Ce Mondial a vu triompher un rugby spectaculaire et efficace. D'abord celui de la Nouvelle-Zélande mais aussi d'autres équipes, à commencer par l'Australie finaliste. Cette finale a été, et reste, un des sommets du jeu et je me la repasse souvent. La victoire des Japonais, défiant les Springboks sur leur vitesse et leur justesse technique, a aussi été symbolique de cette Coupe du monde, sans doute la meilleure de l'histoire.

Après, on a continué à commettre des erreurs. Ce sont les mêmes dirigeants fédéraux qui avait désigné Saint-André qui ont nommé Guy Novès. Ils n'avaient pas le recul nécessaire pour faire une critique objective de ce qui s'était passé.

À mon sens, Novès est arrivé trop tard, alors qu'il était devenu depuis longtemps manager du Stade Toulousain et s'était éloigné du terrain. Un entraîneur de l'équipe de France passe trop peu de temps avec ses joueurs pour ne pas être sur le terrain avec eux. Il doit animer les séances collectives pour transmettre son projet et son ambition.

Là aussi, on a fait beaucoup de choses à l'envers. Yannick Bru, avec des prérogatives étendues, mais tout de même resté en place, incarnait forcément une forme de continuité avec le staff précédent, alors qu'une rupture radicale semblait nécessaire. C'est peut-être ce qu'a voulu faire Bernard Laporte en limogeant Guy Novès, de la plus maladroite et de la plus grossière des façons. Un peu à l'image du jeu de l'équipe de France, depuis tant et trop d'années.

Pour être gentil avec lui, on va juste dire que Jacques Brunel n'a pas fait mieux que son prédécesseur. Cette longue période d'échecs persistants a eu pour conséquence une inversion de la représentation du rugby national. Avant, c'était le XV de France qui était la référence pour tous les clubs de l'Hexagone. Aujourd'hui, c'est l'inverse. Le Top 14 est bien vendu comme le « meilleur championnat du monde ». Il est sans conteste le plus riche. Quant à sa valeur rugbystique, je m'interroge quand je constate que des nations comme l'Irlande ou le Pays de Galles ont pris beaucoup d'avance sur nous en s'engageant résolument dans un projet de rugby de haut niveau.

Chapitre 2

Vous avez dit professionnel ?

Je jouais à Dax quand le rugby est devenu professionnel. Enfin, quand nous avons appris par les médias que le rugby était devenu professionnel. Parce que, concrètement, aucun signe ne nous a démontré l'arrivée du professionnalisme. Les structures n'ont pas changé, pas plus que les horaires d'entraînement ou les salaires des joueurs. L'annonce faite à Paris, en août 1995, par l'International Rugby Board (IRB), n'a pas été suivie d'effets au sein des clubs français. Parmi les dirigeants, il y avait ceux qui étaient sceptiques sur la capacité économique du rugby à entretenir un secteur professionnel et les autres qui souhaitaient garder les choses en l'état.

Il faut dire que l'exemple leur venait de haut, avec le président de la FFR, Bernard Lapasset, qui, moins de trois semaines après la déclaration de l'IRB, affirmait : « Je vous le dis tout net : le rugby français a choisi de ne pas devenir professionnel. » Comment s'étonner, dès lors, s'il a raté sa transition vers le professionnalisme ? Ses dirigeants ne s'y étaient pas préparés parce qu'ils n'y étaient pas favorables et parce qu'ils ne l'ont pas vu arriver.

À l'époque, l'US Dacquoise était une très bonne équipe. Nous avions disputé deux demi-finales du championnat (1994 et 1996) et nous étions plusieurs à jouer en équipe de France. Mais nous avions tous une activité en dehors du rugby. Moi, j'ai passé mes brevets d'État en ski, natation et rugby. J'avais dans l'idée de rester dans le sport après ma carrière mais je ne pensais pas du tout que le rugby allait devenir mon métier à part entière. Je jouais pourtant dans un club qui occupait le devant de la scène. On a même disputé un quart de finale de Coupe d'Europe contre Toulouse. Nous avions vingt ou vingt-deux ans, toute une bande du même âge, et la revendication salariale n'était pas notre souci majeur. Évidemment, on voulait de l'argent pour payer notre appartement et la voiture, mais on se préparait aussi pour la suite. Beaucoup d'entre nous étions étudiants. En devenant professionnel, le rugby allait se séparer petit à petit de cette volonté d'insérer ses joueurs dans la société.

Le jeu était intéressant, basé sur la vitesse et la qualité technique. Nos entraîneurs, hormis René Bénésis pour ma première année dacquoise, avaient tous joué au club auparavant. C'était un cycle classique et le professionnalisme en est resté éloigné. Le stade Maurice-Boyau ne s'est pas rempli d'un coup et les salaires n'ont pas explosé. D'ailleurs, les dirigeants dacquois croyaient moderément à la viabilité du professionnalisme. Qui dit professionnalisme dit trouver des moyens, mettre en place des structures, définir une ambition et une politique sportive. Et surtout, demander à des joueurs qui ont l'habitude de s'entraîner le soir, après le boulot, d'être présents au club toute la journée.

C'est ce que j'ai découvert à Brive, un des rares clubs à avoir très vite négocié le tournant professionnel. J'y suis arrivé pour la saison 1997-1998 et j'ai débarqué dans un autre monde ! Ils étaient champions d'Europe en titre ; ils avaient un médecin, un kiné, deux préparateurs physiques à plein temps, plusieurs entraîneurs. C'était une approche complètement différente, avec trois entraînements quotidiens, dont le premier, tôt le matin, précédait la collation. On disposait d'une salle de musculation dédiée au seul club de rugby, des intervenants extérieurs pour la réathlétisation. Cette organisation permettait au club d'être parmi les meilleurs en France comme en Europe.

Moi, j'étais un jeune international qui venait d'intégrer l'équipe de France pour le Tournoi 1997. Certes, j'avais été un peu surpris pour mon baptême du feu, contre l'Angleterre à Twickenham. Mais j'allais vite m'apercevoir qu'on ne joue pas des matches d'une telle intensité tous les week-ends. En fait, je n'ai pas eu de mal à m'adapter au rythme supérieur parce que, avant d'être international, j'avais connu beaucoup de sélections à 7 ou avec France A, notamment pour les Jeux méditerranéens de 1993. J'avais aussi joué avec le bataillon de Joinville. Sur les gros matches de championnat, il y avait une différence de vitesse avec les matches internationaux mais l'accoutumance se faisait très rapidement. Moi comme les autres joueurs, on avait facilement 200 matches dans les jambes à 24 ans. J'avais commencé à 17 ans à Aurillac... Il faut dire aussi que la Coupe d'Europe a bien aidé les non-internationaux à prendre la mesure du haut niveau.

Un autre facteur jouait aussi un rôle important : il y avait peu d'étrangers dans les clubs et, donc, beaucoup de joueurs français se retrouvaient en concurrence pour l'équipe de France. À tous les postes, il y avait un choix considérable pour le sélectionneur, ce qui n'est pas le cas aujourd'hui pour Jacques Brunel. Quand Pierre Berbizier a concocté son groupe pour la Coupe du monde 1995, il a non seulement pris les meilleurs Français mais beaucoup de ceux-là figuraient parmi les meilleurs mondiaux à leur poste : les Sella, Benetton, Sadourny, Lacroix, Ntamack… Le rugby français était pourvu d'un grand nombre de joueurs importants à travers son championnat.

Certes, la pression n'était pas la même tous les dimanches mais, localement, elle se faisait toujours sentir. J'ai le souvenir de matches gagnés à Dax avec 25 points d'écart et du public qui nous sifflait presque à la fin, parce qu'on ne l'avait pas satisfait sur le plan du spectacle. Gagner à domicile, se faire respecter chez soi était une question d'honneur. Pour cela, il nous fallait faire des gros matches. Après, à l'extérieur, on n'avait effectivement pas une énorme pression. Il n'y avait pas de matches couperet. La perspective de la deuxième division n'était pas aussi dramatique qu'aujourd'hui. Beaucoup de clubs y sont passés pour mieux entrer dans le professionnalisme par la suite.

Après deux saisons à Brive, je suis parti pour Clermont, en 1999, après la Coupe du monde. J'y ai trouvé une organisation institutionnelle et administrative bien en place, grâce à la maison mère Michelin, en avance sur le secteur sportif. Le professionnalisme naissant perturbait autant les staffs que les joueurs. Comment être à cent pour cent disponible pour le club alors qu'à l'époque beaucoup de joueurs travaillaient en dehors ? Il y avait donc des absents aux entraînements... Je me souviens que le club nous proposait des formations professionnelles, auxquelles j'ai participé. Le doute persistait encore sur la pérennité du système professionnel au début des années 2000, même dans un club aussi solide que Clermont.

Dans ces années-là, on était encore sur des principes de jeu à la française. Évidemment chaque club avait ses caractéristiques. À Toulon, Nice, ou Bourgoin, les matches pouvaient être plus durs qu'ailleurs mais toutes les équipes avaient la capacité ou du moins la volonté de pratiquer un rugby inventif en dehors des phases ordonnées. En revanche, l'arbitrage a mis du temps à s'adapter. Il aurait fallu une direction du jeu plus « dynamique », pour laisser le spectacle se développer et capter encore plus de monde. Hélas, l'arbitre pouvait encore avoir beaucoup d'influence sur le résultat d'une partie.

L'obtention de la Coupe du monde en 2007 et l'organisation du Top 14 tel qu'on le connaît aujourd'hui, depuis 2005, ont fait peser sur les épaules des dirigeants de clubs une pression supplémentaire. L'équipe de France, qui restait la vitrine du rugby français, a pris des orientations de jeu différentes. Le Top 14 a gagné en importance, médiatique et financière. Les joueurs ont commencé à privilégier leurs qualités physiques et athlétiques au détriment de leurs atouts techniques et tactiques pour se faire une place dans le rugby pro. On a délaissé les jeunes talents issus de la formation. Une rupture s'est opérée dans les mentalités. Entre l'équipe de France et les salaires qui explosaient en club, pas grand-chose n'a été maîtrisé. Il y a eu beaucoup de discordances, la Ligue et la Fédération se déchiraient sur les problèmes de calendrier... Ainsi, au lieu de se rassembler autour d'un projet commun aux clubs et à l'équipe nationale, le rugby français est entré divisé dans la professionnalisation de tout le système.

À cette période, de 2005 à 2007, j'ai découvert aux London Irish un stade plus avancé du professionnalisme. Les Anglais ont toujours été des maîtres en matière d'organisation, d'autant plus que leur titre mondial de 2003 était passé par là. Ils avaient déjà mis en place un système qui avait permis à leur équipe nationale d'être championne du monde mais aussi aux clubs de préparer leurs joueurs de la meilleure manière possible. Ils ont toujours eu moins de pudeur que nous vis-à-vis du business. Les clubs savaient qu'ils devaient produire du spectacle pour le rendre viable.

Les joueurs anglais étaient curieux de voir ce que les étrangers pouvaient leur apporter mais si ceux-ci n'étaient pas performants, ils se faisaient rapidement mettre de côté. On devait être une quinzaine de Français outre-Manche, à ce moment-là, mais j'étais le seul aux London Irish. Il y avait une poule unique avec un relégué, mais il n'y avait pas de retenue dans le jeu. C'était un championnat plutôt vivant.

Aux London Irish, la préparation était identique quelque soit le match à venir. À domicile ou à l'extérieur, il fallait jouer de la même manière. Il faut souligner aussi que l'arbitrage était de grande qualité. Si le jeu allait plus vite c'est aussi parce que les arbitres laissaient plus l'avantage, parce qu'ils étaient plus sévères sur les fautes au sol ou sur les phases de conquête qui s'éternisaient (les quatre, cinq mêlées qui s'écroulent comme on le voit encore aujourd'hui en Top 14).

Les entraînements n'étaient pas très différents de ceux que j'avais connus en France mais ce qui m'a surpris, c'est la préparation des matches. C'était beaucoup plus relax. Parfois je me demandais même si mes partenaires avaient vraiment conscience du coup d'envoi qui approchait, tellement ils étaient décontractés. D'une manière générale, il y avait plus de rigueur et de joueurs responsables. Ils étaient moins dans l'attente de la consigne de l'entraîneur. Beaucoup arrivaient en avance, le matin, pour travailler individuellement avant l'entraînement collectif.

Ce fonctionnement n'était pas ressenti comme une contrainte mais comme un devoir. Au centre d'entraînement, les vestiaires étaient vétustes mais très fonctionnels et il n'arrivait jamais que le dernier parti les laisse en mauvais état. Mike Catt, tout champion du monde qu'il était, passait la serpillière comme les autres. Ça se faisait naturellement, sans aucune aigreur ni sentiment de dégradation.

Après deux saisons à Londres, je suis retourné à Brive. Dans l'intention de jouer mais, une blessure à l'intersaison et la proposition du club m'ont amené à devenir entraîneur plus tôt que je ne l'envisageais. J'ai tout de suite senti une grosse différence de niveau avec l'équipe des London Irish que je venais de quitter.

Dans le groupe que j'ai pris en charge, certains joueurs avaient des lacunes techniques, d'autres – parfois les mêmes – avaient de gros manques sur le plan stratégique ou commettaient des erreurs individuelles assez grossières. C'était une équipe en mal de repères et de langage communs. J'ai essayé de lui redonner du plaisir à travers un jeu de mouvement dynamique mais les joueurs étaient partagés entre ce que je leur proposais et le jeu programmé auquel ils s'étaient habitués. En constatant ces mêmes limites chez la plupart de nos adversaires, j'ai pris conscience d'une régression générale.

Le jeu du championnat devenait de plus en plus programmé, stéréotypé, laissant de moins en moins de liberté aux joueurs. Dans le même temps, ou peu après, en conséquence de cette évolution du jeu, on leur a demandé de prendre du muscle pour soutenir le défi physique de plus en plus prédominant. Petit à petit, le rugby français s'est mis à privilégier l'affrontement et la programmation à l'évitement et à l'adaptation qui étaient pourtant sa marque de fabrique au niveau international.

Chapitre 3

Les lenteurs du Top 14

Toutes ces années d'échec de l'équipe nationale ont eu une conséquence sur la représentation du rugby dans notre pays. Avant, l'équipe de France était prise pour modèle par les clubs mais, aujourd'hui, c'est le Top 14 qui est devenu la vitrine du rugby français. C'est flagrant à tous les niveaux mais ça l'est encore plus pour la composition du XV de France où l'on voit les choix de joueurs évoluer au gré des résultats des équipes dans notre championnat. Bien sûr, je ne remets pas en cause le fait qu'une sélection se mérite par les performances ou les aptitudes démontrées en club, mais je m'interroge sur la fermeté des convictions des staffs tricolores qui se sont succédé ces dernières années avec de si nombreux changements de compositions d'équipe, notamment à la charnière. Je me demande également si les entraîneurs des grosses écuries du Top 14 désirent tant que ça être désignés pour diriger l'équipe de France et s'ils ne préfèrent pas rester dans leurs clubs. Si l'on dit de notre championnat qu'il est « le meilleur du monde », c'est bien qu'il doit avoir quelque chose de très intéressant...

Une chose est certaine, ça n'est pas pour le jeu qu'on y pratique puisqu'il ne prépare pas au niveau international. Pourquoi ? On a vu, dans le chapitre précédent, comment le jeu s'est peu à peu éloigné du rugby d'instinct et d'initiative qui était notre ADN, comment on a tout programmé, des combinaisons sur le terrain jusqu'à la quantification de la performance individuelle de chaque joueur, comment, enfin, le rugbyman professionnel français a passé de plus en plus de temps à se forger un corps musclé au détriment de sa formation technique. Mais ces remarques, on pourrait plus ou moins les adresser à d'autres nations – à commencer par l'Irlande, au système de jeu très programmé – qui obtiennent pourtant d'excellents résultats, avec leur équipe nationale ou avec leurs clubs. Le problème fondamental du Top 14 est ailleurs : on n'y joue pas pour gagner mais, surtout, pour ne pas perdre.

Dit comme ça, ça peut paraître une subtilité de langage mais, dans l'état d'esprit, la différence est fondamentale. Jouer pour gagner, cela veut dire se lancer dans un rugby conquérant, dans lequel tout le monde a confiance. Jouer pour ne pas perdre, c'est réduire la voilure, se contenter de défendre et miser sur les fautes de l'adversaire pour le punir et l'emporter. La plupart des équipes adoptent cette attitude aux premiers revers, dès que leur situation au classement devient tendue.

Peut-être pas « le meilleur » mais certainement « le plus rémunérateur », notre championnat se joue en permanence sous une pression proportionnelle aux investissements et aux conséquences économiques et sociales que signifie une relégation. D'où ces choix pour limiter les risques : se rassurer en envoyant des joueurs puissants à l'affrontement plutôt que se faire peur avec des passes ou des initiatives. Cette prédominance de l'économique a influé sur le jeu et, donc, sur les formes d'entraînement pour le mettre en place.

Hormis Toulouse et, peut-être, un ou deux autres, les clubs français ne pratiquent plus de séances d'entraînement en opposition, à quinze contre quinze, où les joueurs peuvent acquérir, à vitesse réelle, une bonne lecture du jeu. Aujourd'hui, on fait des mises en place, on assimile des combinaisons… On répète des exercices mais on ne travaille pas la réflexion stratégique. C'est facile de faire trois temps de jeu en demandant aux joueurs de se placer ici ou là. On est allé dans l'excès en leur demandant d'exécuter une action déterminée à l'avance qui, dans le jeu courant, peut ne pas du tout répondre à la situation.

Je retrouve ce défaut dans la plupart des matches de Top 14. Trop de joueurs y ont un comportement inadapté à la continuité du jeu, tout simplement parce que les placements initiaux ne sont pas les bons. Il y a une mauvaise compréhension du jeu et de l'attitude du porteur de balle, qui fait que la plupart des joueurs n'ont pas les automatismes pour bien répondre aux situations qui se présentent, entretenir la continuité et, surtout, terminer les actions. J'entends beaucoup d'entraîneurs se plaindre d'avoir été mauvais dans la finition. Mais la finition n'est que la conséquence de la construction et ne peut être dissociée du mouvement général.

Je n'ai pas observé ce problème en Nouvelle-Zélande, lorsque, en janvier 2017, j'ai passé une quinzaine de jours auprès des Crusaders. Il faut savoir que la part du collectif est très importante dans la formation néo-zélandaise, beaucoup plus qu'en France. Chez les jeunes, il y a énormément de travail sur la circulation collective afin d'assimiler les automatismes qui permettent la continuité du jeu. L'opposition à quinze contre quinze, c'est quand même l'essence de ce jeu. Si la très grande majorité des clubs français ne la pratiquent pas, ceci explique certainement cela.

On s'étonne encore aujourd'hui de voir des avants All Blacks réaliser à la perfection des gestes qu'on croit réservés aux meilleurs arrières ; mais on ne devrait pas. Le rugby est tellement complet que le joueur, quel que soit son numéro, doit être capable de faire n'importe quelle sorte de passe. Hélas, le niveau du Top 14 ne l'exige pas. On y pratique un rugby restrictif où l'on attend la faute de l'adversaire pour marquer. On défend, on conteste trois ballons et on passe huit pénalités ; ça suffit pour gagner sans trop prendre le risque de perdre. Ce n'est pas ça qui prépare au plus haut niveau. On a sous-estimé les effets pervers d'une poule unique à quatorze clubs avec deux relégations.

Dans notre championnat, peut-être que réduire la voilure, jouer petit bras, permet de gagner certains matches, parce que tout le monde fait preuve d'une timidité sur le jeu qui est navrante. Évidemment, il arrive de belles surprises en Top 14 ; parfois ça part et ça joue, on voit de beaux gestes, beaucoup moins de déchets techniques. On évoque alors des « détails » quand on commente les matches mais on ne devrait pas car ces maladresses ou imprécisions deviennent rédhibitoires au plus haut niveau. Si tu es à 100 % à la vitesse du Top 14, tu peux espérer être à 80 ou 90 % au niveau international.

Quand je parle avec des entraîneurs français des capacités aérobie de certains de leurs joueurs, ils me disent : « Il a 16 de VMA... » Ce ne sont pas des standards de haut niveau, mais on se contente de ça. On se satisfait du moyen. Est-ce qu'on ne peut pas faire en sorte que ce championnat devienne une passerelle vers le très haut niveau ? Qu'il permette à l'équipe de France d'être championne du monde et qu'il donne au rugby une visibilité encore plus importante ? Est-ce qu'il n'y a pas là matière à réflexion ? Peut-être que ce sera difficile au début mais, après, la satisfaction peut être énorme. Je suis persuadé qu'il ne manque pas grand-chose pour réveiller le « génie » du rugby français.

Le titre mondial de nos moins de 20 ans fait surgir une interrogation : comment ces jeunes, qui sont potentiellement aussi bons que leurs homologues néo-zélandais ou sud-africains, se retrouvent-ils à ne plus l'être quelques années plus tard ? Après leur sacre, on s'est demandé combien de ces champions trouveraient leur place en Top 14 afin d'y poursuivre leur progression. Mais, vu le niveau d'intensité de notre championnat, je me demande si le meilleur conseil à leur donner ne serait pas d'aller jouer dans l'hémisphère sud… J'ai eu une discussion avec l'un d'entre eux, le troisième-ligne de l'UBB, Cameron Woki, l'un des rares à jouer régulièrement avec les professionnels. Je lui ai demandé si, au niveau du rythme et de l'intensité, il pouvait comparer les matches de Top 14 et ceux qu'il a disputés avec les moins de 20 ans. Sa réponse ne m'a pas étonné : « Ça va plus vite avec les moins de 20 ans. »

Certes, il y a la pression qu'exercent les dirigeants, les supporteurs et les médias sur les entraîneurs. Mais ces derniers ne peuvent être performants que s'ils agissent en accord avec leur intime conviction. On peut avoir des convictions uniquement défensives et penser qu'on peut gagner en championnat de France en ne faisant que des mêlées et des touches. Mais il faut être lucide : ce n'est plus le rugby qui permet de gagner au plus haut niveau. En ce sens, j'aimerais que tous les acteurs concernés – la Ligue, la Fédération, les télévisions… – se concertent pour définir quel jeu on veut mettre en place, quelle identité on veut (re)donner au rugby français.

Si j'évoque les télévisions, c'est parce qu'elles jouent, elles aussi, un rôle important dans l'évolution de notre sport. Sans leur argent, notre Top 14 ne serait pas le championnat le plus rémunérateur du monde. Mais si les télévisions payent pour retransmettre du rugby, elles sont en droit d'en exiger un bon spectacle. En 1995, quand Rupert Murdoch, le magnat australien, a acheté les droits du Super Rugby, il a voulu rendre cette compétition attractive et, donc, spectaculaire.

Le rugby est un sport confidentiel, loin d'être universel comme le football. On a donc l'obligation d'être séduisant dans ce qu'on montre. Notre spectacle doit être extraordinaire. Je n'attends pas de joueurs professionnels qu'ils réalisent ce dont tout le monde est capable : prendre le ballon et rentrer dans un mur. J'ai envie d'être surpris, de me dire que ces mecs s'entraînent toute la journée pour réaliser des exploits tactiques, techniques et physiques. Qu'ils génèrent de l'émotion, de l'inattendu.

Je prends pour exemple les demi-finales du Top 14 2017-2018 où tout le monde s'est ennuyé. Et ça n'est pas normal pour ce qui doit être la fête du rugby français. En s'orientant prioritairement vers l'attaque, sans pour autant délaisser la défense, on doit s'engager vers un jeu pour gagner et non pour ne pas perdre. Je suis persuadé qu'une philosophie et un état d'esprit différents, entretenus au jour le jour, permettraient d'aboutir à un rugby différent.

Chapitre 4

L'état d'esprit doit changer

J'ai beaucoup critiqué le niveau de jeu dans notre championnat et, pourtant, de nombreux clubs français ont obtenu d'excellents résultats en Coupe d'Europe. La contradiction n'est qu'apparente. Quand je regarde une grosse affiche du Top 14 entre, par exemple, Clermont et Castres, le contenu de ce match reste, la plupart du temps, très éloigné des standards internationaux. Or, la même affiche, en Coupe d'Europe, produira un jeu de bien meilleure qualité. Pourquoi ? Peut-être à cause de l'arbitrage différent, peut-être aussi parce que la peur de perdre est moins importante qu'en championnat, puisqu'on ne risque « que » l'élimination et non la relégation. Chacune de ces deux explications apporte une partie de la réponse, mais je pense que la véritable cause est ailleurs.

En effet, les techniciens ont conscience que, s'ils ne se lancent pas dans un jeu plus offensif et animé, ils ne peuvent pas aller loin en Coupe d'Europe. Ils sont donc obligés de se découvrir, de se lâcher, car la qualification implique obligatoirement des victoires à l'extérieur. Donc, ils acceptent de prendre des risques en déplacement tout en sachant qu'à domicile ils ne sont pas à l'abri d'une défaite, comme c'est encore trop souvent le cas en Top 14 où on voit des clubs faire des « impasses » quand ils vont jouer chez un « gros ». La différence tient donc, en grande partie, au changement d'état d'esprit d'une compétition à l'autre.

Une autre chose m'interpelle : le comportement de nombreuses stars internationales qui ont été recrutées par nos clubs. Par leurs résultats, les All Blacks ont démontré au monde entier que le très haut niveau exige un jeu d'évitement, de passes et de vitesse. Un jeu d'intelligence, de réflexion, très stratégique, qui ne fait pas du défi physique une priorité, comme c'est devenu le cas dans notre championnat. Or, si d'anciens internationaux néo-zélandais et sud-africains jouent, en Top 14, tellement différemment de la façon dont ils jouaient dans leur pays, c'est bien parce qu'ils ont la consigne d'agir autrement. Il faut aussi se demander dans quelle mesure ces joueurs ont conservé le niveau qu'ils avaient avant de venir. Ma'a Nonu n'a jamais été en France le joueur qu'il aurait dû être. Dès qu'il accélérait un peu, qu'il faisait trois passes, il faisait la différence. Mais trop rarement.

Il y a heureusement des contre-exemples. On ne voit pas trop souvent Victor Vito, désigné meilleur joueur du Top 14 en 2016-2017, privilégier le contact, sans le refuser quand il est nécessaire, évidemment. Sa priorité n'est pas d'aller sur du frontal. Il va toujours faire le pas à côté, chercher la solution par une passe ou un crochet. Peut-être que Nonu, s'il avait signé à La Rochelle, aurait joué comme avec ses Hurricanes de Wellington et peut-être aussi qu'à l'inverse Vito serait plus rentré dans le mur, s'il avait porté le maillot toulonnais. Là encore, je ne vois qu'une différence d'état d'esprit pour expliquer ce paradoxe.

On me dira que c'est facile, derrière son micro de commentateur ou en prenant sa plume, de négliger la pression immense qui pèse sur les entraîneurs en championnat. Mais alors pourquoi est-ce que je prends tant de plaisir à regarder les rencontres du championnat anglais ? Comme en France, il met aux prises des clubs engagés sportivement et financièrement dans une poule unique avec un relégué à chaque fin de saison. Certes, il n'y en a qu'un sur douze clubs. Et chez nous ? Le quatorzième du Top 14 descend, mais le treizième a de grandes chances de se maintenir puisqu'il affronte, en barrage, le perdant de la finale de Pro D2, disputée une semaine plus tôt. Je ne sais quelle est la pression la plus forte entre celle qui s'exerce sur le dixième de Premiership ou celle qui pèse sur le douzième du Top 14, mais je sais laquelle de ces deux équipes pratique le jeu le plus ambitieux, alerte et spectaculaire.

Un jeu ambitieux, alerte et spectaculaire. Relire ces mots me fait penser au Stade Toulousain et à la transformation qu'il a subie en quelques mois seulement. Ce qui s'est passé au stade Ernest-Wallon est, à mes yeux, très encourageant et devrait inspirer tout le rugby français. À peine arrivé à la présidence du club, Didier Lacroix s'est attaché à lui faire retrouver son identité. On sent revenu l'esprit maison, avec tous ces anciens grands joueurs du club qui entourent toutes les équipes et pas seulement la première. Il a confié à Émile Ntamack la coordination de tout le secteur « jeunes », en veillant à ce que tous les éducateurs parlent le même langage, celui de tout le club. Il a demandé à Thomas Castaignède et à Jérôme Cazalbou de superviser le staff de l'équipe première, formé uniquement d'anciens joueurs de la maison : Mola, Sonnes, Servat, Bouilhou, Poitrenaud...

En faisant revenir ces anciens, qui ont un vécu commun – on connaît les bases sur lesquelles ils ont été élevés – le Stade Toulousain a développé un état d'esprit dont les joueurs se sont imprégnés. Autour d'eux, les dirigeants véhiculent un message positif pour faire avancer les choses, tout en les laissant s'exprimer, sur le terrain et en dehors. Les jeunes formés au club portent cette confiance, jusqu'en équipe de France pour les plus précoces d'entre eux : Julien Marchand, Romain Ntamack, Thomas Ramos, Dorian Aldegheri, Sébastien Bézy et, bien sûr, Antoine Dupont. On voit que la récolte est intervenue très peu de temps après ce qu'ont semé Didier Lacroix et ses complices. La création du « club des 100 », avec tous ceux qui ont porté au moins cent fois le maillot de l'équipe première du Stade Toulousain, a aussi contribué à rendre encore plus vivante l'histoire du club autour de la génération actuelle.

Pour revenir à mon petit passage en Nouvelle-Zélande, Scott Robertson, l'entraîneur des Crusaders, me répétait souvent un mot important : « *legacy* ». L'héritage. Il me disait : « Si tu veux qu'il soit bien transmis, il faut que les joueurs qui sont passés par le club et par l'équipe nationale soient présents pour montrer aux nouveaux que ce maillot ne leur appartient pas, qu'ils le portent en héritage et que, à leur tour, ils le légueront à leurs successeurs. » En France, dans notre rugby professionnel, on oublie trop souvent ce genre de choses qui peuvent paraître désuètes mais qui sont, à mon sens, fondamentales. Heureusement, d'autres clubs que le Stade Toulousain l'ont compris aussi, mais ils ne sont pas les plus nombreux.

Beaucoup d'autres choses me dérangent au niveau de l'état d'esprit qui prédomine dans notre championnat. Elles relèvent souvent du détournement de l'esprit d'une règle. Ainsi, on voit souvent prétexter un « protocole commotion » pour procéder à un changement tactique. En début de saison 2018-2019, une règle expérimentale, qui autorisait douze changements, afin de préserver la santé des joueurs, a tourné à la farce et à la contestation. Ce n'est pas vraiment de la triche, mais ce n'est pas franchement dans l'esprit de la règle.

J'ai déjà évoqué, pour les Anglais, la façon identique d'appréhender un match à domicile ou à l'extérieur – ce qui offre des parties plus vivantes, où aucune équipe ne ferme le jeu. Je pourrais rappeler le silence qui, outre-Manche, respecte la préparation du buteur adverse. Mais, pour finir, je voudrais évoquer ce qui m'a le plus surpris, et finalement séduit, dans le rugby anglais : le rôle qu'y tient l'arbitre. Aux London Irish, Wayne Barnes, alors tout jeune arbitre international, partageait beaucoup de nos entraînements, déjeunait avec nous, à tel point que j'avais l'impression qu'il était un de nos partenaires. En fait, c'est ce que doit être un arbitre : un acteur du jeu, comme les trente autres joueurs.

J'ai apprécié la façon décontractée avec laquelle les arbitres officiaient dans nos matches. Un petit truc, tout simple, contribuait à apaiser l'atmosphère : en s'adressant à un joueur, il l'appelait par son prénom et il n'y avait pas de ton offensant dans son propos. C'est psychologique, mais c'est aussi une qualité qu'on demande à un arbitre pour faire retomber les tensions. Cela n'empêche pas la sévérité, voire l'intransigeance sur les fautes, au sol notamment, qui ralentissent le jeu. Cela aussi m'avait marqué, en comparaison avec la façon dont nous étions arbitrés en France. Plus de dix ans se sont écoulés depuis cette période, mais les choses ont-elles vraiment changé ?

Le succès de nos meilleurs arbitres français, appelés de plus en plus souvent à officier lors des sommets internationaux, atteste d'une progression globale. Leur professionnalisme et leurs nombreux contacts avec d'autres formes de jeu dans les deux hémisphères sont les sources de leur amélioration. Mais je m'interroge : pourquoi le même arbitre fera refaire une mêlée pendant cinq minutes en Top 14, alors qu'il sifflera une pénalité ou sortira un carton jaune dès la deuxième tentative en match international ? Pourquoi sanctionnera-t-il un joueur qui ralentit la libération du ballon en Coupe d'Europe et pas en championnat ? Je ne sais pas. Et c'est souvent pire en Pro D2. Les mêlées, le jeu au sol… S'il n'y a pas de jeu, l'arbitre doit faire en sorte qu'on ne s'éternise pas sur les phases arrêtées.

Partout dans le monde du rugby, la mêlée est avant tout considérée comme une remise en jeu alors qu'en France, on la perçoit comme une occasion d'obtenir une pénalité. Si l'arbitre prend des décisions rapides, dès les premières mêlées du match, je suis persuadé que les joueurs changeront d'attitude. Personne n'a envie de passer cinq minutes à faire et refaire une mêlée, à commencer par les premières lignes qui y laissent beaucoup d'énergie. Ce n'est pas toujours la faute des joueurs si le jeu est lent, avec de nombreux arrêts.

Les arbitres devraient avoir la préoccupation de faire accélérer le jeu et se montrer beaucoup plus sévères envers ceux qui le ralentissent. Dans la situation actuelle, ils ont un rôle important à jouer pour que le rythme et l'intensité de notre championnat se rapprochent des critères internationaux. Pour cela, ils doivent se persuader qu'ils font partie intégrante du jeu, sans s'enfermer dans une attitude uniquement répressive et non préventive. Le bon arbitre, c'est celui qu'on ne voit pas ; pas celui qui veut être la star du match. Son rôle est de favoriser le spectacle, d'en être le chef d'orchestre.

Pour en finir avec l'arbitrage, et plus que jamais dans la sinistre actualité du rugby, il faut souligner que sa mission première reste d'assurer la sécurité des joueurs sur le terrain. Je sais bien que la règle ne peut pas obliger un joueur à passer le ballon ou à prendre un intervalle plutôt que d'aller percuter le défenseur. Mais, sur le jeu dangereux, elle offre un arsenal de sanctions très précis et mon expérience de commentateur de matches de Pro D2 me fait dire que, trop souvent, une faute passible d'un carton rouge, est souvent sanctionnée par un jaune ou une simple pénalité. Certes, la plupart des cartons rouges infligés en Top 14 le sont après vérification de la gravité de la faute avec l'aide de la vidéo. Un outil dont ne disposent pas encore les arbitres de Pro D2.

Mais, comme cela a été le cas au début de l'instauration du « protocole commotion », il faut prendre l'habitude de l'intransigeance sur les plaquages ou autres gestes dangereux. Il y va de la santé des joueurs et de l'avenir du rugby.

Chapitre 5

Rendre le rugby moins violent

En 2018, le rugby français a été endeuillé par la mort de quatre joueurs des suites de chocs reçus en match. Le premier, Adrien Descrulhes, junior de Billom (Puy-de-Dôme) avait 17 ans. Le deuxième, Louis Fajfrowski, professionnel d'Aurillac, avait 21 ans. Le troisième, Nicolas Chauvin, espoir du Stade Français, avait 18 ans. Le quatrième, Nathan Soyeux, jouait en universitaire et avait 23 ans. Ces accidents sont survenus à l'occasion de plaquages. Adrien était plaqueur, les autres plaqués, par un ou deux adversaires. Aucun de ces plaquages « mortels » n'a été sanctionné par l'arbitre. Ils étaient tous dans la règle, ni trop haut, ni jugés dangereux.

Suite à l'émotion créée par cette tragique série, nos dirigeants fédéraux ont proposé à World Rugby, la fédération internationale, de modifier les règles concernant le plaquage : tout d'abord d'abaisser sa hauteur maximale, aujourd'hui fixée à la ligne des épaules, et ensuite d'interdire le plaquage à plus d'un joueur. World Rugby avait déjà pris conscience du problème croissant de la sécurité des joueurs à partir des études portant sur l'accroissement des commotions cérébrales dans le secteur professionnel.

Les responsables internationaux avaient ainsi demandé aux clubs anglais de deuxième division d'expérimenter une nouvelle règle : interdire tout plaquage au-dessus de la ligne des aisselles. Mise en pratique en novembre et décembre 2018, l'expérience a été arrêtée d'urgence au bout de ces deux mois, après le constat d'une augmentation des commotions cérébrales. J'en déduis que changer la règle restera sans effet si l'on ne change pas, en même temps, les comportements des joueurs.

Les neurochirurgiens s'accordent pour constater que les joueurs qui les consultent après avoir subi un « protocole commotion », sont très majoritairement des plaqueurs, et non des plaqués. Ils relèvent également que peu de commotions surviennent dans les phases de rucks, où l'on encourt d'autres blessures aussi graves, mais différentes. La commotion, c'est un coup dans la tête qui endommage plus ou moins gravement le cerveau.

Souvent, elle se produit quand le genou du porteur de balle heurte la tête de celui qui tente de le plaquer. Mais il arrive aussi fréquemment que la tête d'un joueur « mis sur le cul » heurte violemment le sol et là, cela concerne autant les plaqués que les plaqueurs. Je précise également qu'un joueur plaqué aux jambes, dans les règles de l'art, peut chuter lourdement et se retrouver K.-O. Le rugby est un sport d'engagement et c'est aussi pour ça qu'on l'aime.

Mais peut-on l'aimer au point d'accepter ces morts comme une fatalité, au point de courir le risque de se retrouver sur un fauteuil roulant pour le restant de sa vie, au point d'avoir une petite boule au ventre quand on voit son enfant préparer ses affaires pour aller au rugby ? Je ne le pense pas et il y a urgence, d'abord pour sauver des vies, ou du moins ne pas les gâcher, et ensuite pour préserver notre sport d'un déclin que cette violence pourrait accélérer.

Je suis convaincu que, pour y parvenir, changer la conception qu'on se fait du « bon joueur » aura plus d'effet que tout changement de règle. J'ai l'impression de me répéter, mais c'est parce que tous les problèmes sont liés. En passant de plus en plus de temps dans la salle de musculation, le rugbyman français s'est forgé un corps plus puissant que de nature, au point de se sentir assez gaillard pour privilégier le défi physique. Ne croyez pas que ça ne concerne que les avants, beaucoup de trois-quarts en raffolent aussi.

Ce temps passé à se muscler, c'est autant de temps qui n'a pas été consacré à la technique individuelle. Dans celle-ci, il y a les passes des deux côtés, en mouvement ou sous pression. Il y a les coups de pied ou les gestes spécifiques à son poste. Mais il y a aussi l'apprentissage et la répétition des plaquages. Or j'ai l'impression que cette technique s'est peu à peu perdue. Autrefois, quand on plaquait moins haut, les deuxième-ligne qui fonçaient tête baissée avaient déjà de gros genoux qui pouvaient vous fracasser la mâchoire si vous commettiez l'erreur de vouloir les arrêter avec.

Dès l'école de rugby, on nous apprenait comment se placer pour protéger sa tête, comment se servir de la vitesse de l'adversaire, comment utiliser la force de ses jambes. Abaisser la ligne de hauteur, avec la technique et les habitudes de plaquage qu'ont les joueurs d'aujourd'hui pourrait se révéler dangereux. En admettant que cette technique soit retravaillée, je serais favorable à abaisser la ligne de plaquage à la hauteur du nombril, ce qui aurait pour conséquence de ne pas bloquer le ballon avec l'attaquant et, donc, de favoriser la continuité du jeu.

Mais on n'en est pas là, tant s'en faut. Prenons l'exemple d'un jeune doté de moyens physiques importants et dont la formation dans son club l'a incité à en abuser. Cela arrive trop souvent, dans les écoles de rugby, avec les différences de gabarits qui caractérisent ces catégories d'âge. Sa représentation du rugby sera donc l'affrontement puisqu'il en a toujours usé et profité. Pourquoi serait-il enclin à faire autre chose ? On peut changer les règles, ça n'empêchera pas ces joueurs-là d'aller affronter leur vis-à-vis et donc de risquer l'accident. Quand un joueur de 120 kilos arrive lancé sur un adversaire arrêté, ça peut faire mal. Surtout si celui-ci n'a pas une technique de plaquage très affirmée.

Si la formation de nos joueurs – même ceux qui ont un gabarit supérieur – privilégiait l'évitement, on franchirait un palier déterminant pour la sécurité (et aussi pour le côté spectaculaire du jeu). Je suis persuadé que Louis Picamoles aurait fait des miracles si on lui avait demandé de jouer dans un autre registre. J'aurais rêvé de l'entraîner quand il avait 10 ans, pour lui donner une autre représentation du jeu. Regardez Kieran Read (n° 8 des All Blacks). Quand va-t-il à l'affrontement ? Jamais. Et son compère de la deuxième ligne, Brodie Retallick ? Il va toujours chercher l'intervalle. Après, quand c'est fermé et qu'ils n'ont pas le choix, ces deux joueurs assument le contact qu'ils ont aussi les moyens physiques de dominer.

Malheureusement, en France, on continue de valoriser « le joueur qui avance ». Les médias ont même fabriqué une star à partir de ce concept. Je veux parler de Sébastien Chabal dont la notoriété a été décuplée par deux tampons mémorables assénés à Chris Masoe puis à Ali Williams, lors des deux tests disputés en Nouvelle-Zélande, en juin 2007. Je m'en souviens d'autant mieux qu'il s'agit de mes deux derniers matches avec l'équipe de France. On les a perdus lourdement (42-11 et 61-10), quelques semaines avant la Coupe du monde en France, mais ce qu'on en a retenu, ce sont ces deux actions : un plaquage très agressif mais légal, à la hauteur du nombril, qui assomme Masoe (avec les règles d'aujourd'hui, Chris aurait dû quitter le terrain pour commotion) et une charge, avant-bras en avant, sur Williams (mâchoire fracturée), qui aujourd'hui vaudrait certainement un carton rouge.

Ainsi est né le phénomène Chabal. J'adore Sébastien ; il a su garder une grande humilité tout en faisant son chemin dans les médias. Mais, en termes de jeu, on n'aurait pas dû en faire l'archétype du joueur français. Le jeu physico-physique lui allait très bien, mais le problème est venu quand les gamins ont voulu l'imiter. Plus de dix ans après, ce jeu s'est globalement imposé. Mais si l'objectif prioritaire reste de diminuer physiquement l'adversaire, il ne faut pas s'étonner alors de l'augmentation de la violence et de la peur qu'elle engendre.

En France, tout le monde a l'air content et s'esclaffe : « Il lui a mis un cul ! » Bon, ce n'est ni ma conviction du jeu, ni ce que j'ai envie de voir en tant que spectateur. Pour en avoir discuté avec beaucoup d'amateurs de rugby, ce n'est pas le jeu qu'ils affectionnent non plus. Ils regrettent celui d'il n'y a pas si longtemps, dix, quinze ans, pas plus.

À tous ceux-là, j'ai un conseil à donner : allez voir jouer les filles…

Chapitre 6

Merci, les filles !

La première fois que j'ai été sensibilisé au rugby féminin, c'est lors de la Coupe du monde 2014, que j'ai commentée comme consultant sur Eurosport. Elle était organisée en France et le président de la FFR, Pierre Camou, avait eu l'idée de faire jouer les phases qualificatives à Marcoussis et les phases finales au stade Jean-Bouin. Cela avait été un grand succès populaire, grâce au bon parcours de l'équipe de France, battue en demi-finale par le Canada, et terminant troisième.

J'y étais allé sans a priori, convaincu que les femmes doivent prendre toute leur place dans la société et encore plus dans le sport. L'une des qualités du rugby étant de donner à ses pratiquants des repères et de l'estime de soi pour la vie en société, il n'y a aucune raison de ne le réserver qu'aux hommes.

J'ai pris beaucoup de plaisir à assister à cette Coupe du monde. Non seulement les filles se démenaient mais elles produisaient des mouvements cohérents. Elles se donnaient à cent pour cent, et le public était séduit par ces sportives qui ne trichaient pas, notamment les Bleues. D'avoir commenté cette Coupe du monde, et d'avoir été emballé par certains matches, m'a conduit, comme beaucoup, à suivre le rugby féminin de plus près ensuite.

Les filles pratiquent un jeu qui correspond plus à la représentation que je me fais du rugby que celui pratiqué aujourd'hui par beaucoup d'équipes masculines. Ce qu'on aime dans ce jeu, c'est la capacité de s'adapter aux situations, et elles le font très bien. Leur jeu ressemble à celui qu'on a connu avant, chez les garçons, et que beaucoup d'amateurs regrettent.

C'est pourquoi un public de plus en plus nombreux assiste aux matches des Bleues ou les regarde à la télévision. C'est plaisant, spectaculaire, cohérent. C'est dommage que le championnat de France suscite moins d'engouement populaire mais il faut dire qu'il n'est pas encore structuré, qu'il manque trop d'homogénéité entre les clubs, avec d'importantes différences de niveau.

Le championnat a subi une profonde modification cette saison. D'une élite à huit clubs, on est passé à deux poules de huit, en conservant les huit équipes de première division et en leur adjoignant les huit quart-de-finalistes de la division 2. Cette réforme n'a pas plu à tous les techniciens de l'ancien « Top 8 » qui réclamaient plutôt un « Top 12 », ni aux trésoriers de ces clubs puisque les deux poules ont été dessinées sur le classement sportif de la saison dernière, sans tenir compte des proximités géographiques.

Dans son programme de développement pour la période 2016-2023, la Ligue nationale de rugby disait vouloir engager les clubs du Top 14 à créer une section féminine interne et un championnat. Cette idée n'a pas avancé, trois ans après avoir été émise, et la Fédération reste l'organisatrice de ce championnat amateur qu'elle gère pour favoriser au mieux les intérêts des équipes nationales, à 15 comme à 7. Ainsi le championnat est interrompu pendant le Tournoi des Six Nations.

La Fédération est aussi l'employeur, avec des contrats fédéraux à mi-temps, de nos meilleures joueuses. Vingt-deux quinzistes en bénéficient et vingt-quatre joueuses de 7. Certaines, dont l'arrière (à 15) ou pilier (à 7) Jessy Trémoulière, élue meilleure joueuse mondiale de l'année 2018, alternent entre les deux disciplines. Toutes ces joueuses entretiennent un double projet, soit par une autre activité professionnelle, soit en poursuivant leurs études.

En cette saison de qualification pour les Jeux olympiques de Tokyo, en 2020, la priorité est donnée au 7, avec des Bleues qui ont obtenu, en 2018, la deuxième place à la Coupe du monde.

À noter que ce type d'organisation, où la Fédération a la mainmise sur les équipes nationales et les clubs, ressemble à celles qui existent pour les professionnels hommes dans les nations celtes (Écosse, Irlande et Galles) et celles de l'hémisphère sud (Nouvelle-Zélande, Australie, Afrique du Sud et Argentine). Et comme par hasard, nos filles enregistrent des succès que nos garçons leur envient.

Cette progression prouve que, avec une sélection nationale performante, on peut attirer de plus en plus de jeunes vers notre discipline. Si les licences sont en diminution chez les garçons, elles sont en forte augmentation chez les filles : la Fédération annonçait 17 000 licenciées à l'été 2018.

Grâce à elles, le rugby français reste identifié par une équipe pratiquant le *French Flair.* Elles font preuve d'inspiration et nous montrent un jeu vraiment intéressant. On peut ainsi espérer que tout le rugby français, je pense notamment aux garçons, prenne exemple sur l'état d'esprit et le jeu de ces filles.

L'équipe féminine anglaise joue, sous certains aspects, de façon très similaire à celle des joueurs d'Eddie Jones. On y voit le fruit de la politique de la fédération anglaise qui a complètement intégré les filles à son projet global.

L'Angleterre comme la Nouvelle-Zélande ont pris de l'avance sur nous dans la structuration du rugby féminin. Je ne suis pas un spécialiste, ni un très grand connaisseur, mais je ne pense pas que les très bons résultats obtenus par les Canadiennes soient le fruit du hasard. Je suis même persuadé que le développement du rugby dans des pays émergents comme le Canada ou les États-Unis va s'appuyer sur son secteur féminin.

En France, sur le plan technique, il y a un écart entre les garçons et les filles, mais pas un fossé. Sur le jeu au pied, leur déficit de puissance ne leur permet pas d'utiliser la même surface de terrain et ça développe leur jeu à la main par lequel elles produisent des séquences assez longues.

La grosse différence, c'est la vitesse. Exactement comme, chez les garçons, entre les amateurs et les professionnels. Pour avoir entraîné l'équipe de France amateurs pendant quelques années, je peux certifier que, techniquement, les meilleurs amateurs français n'ont pas grand-chose à envier aux professionnels. Les lancers en touche, les coups de pied… franchement je ne voyais pas la différence avec l'équipe de France A. Mais là où elle était flagrante, c'était sur la vitesse d'exécution.

Un peu comme quand on compare le XV de France d'aujourd'hui avec les meilleures nations du monde. À hautes vitesse et intensité, il faut être capable d'exécuter le geste technique qu'on sait faire à la perfection au ralenti…

Mais, à leur propre vitesse, ce que font les joueuses de l'équipe de France est très cohérent. Je pense qu'elles le doivent en partie au fait qu'elles pratiquent, ou ont pratiqué, les deux rugbys : à 7 et à 15.

De pouvoir alterner entre ces deux sports qui sont, pour moi, différents, leur permet de développer, à 7, des qualités techniques qu'elles reproduisent à 15. La structure actuelle du rugby féminin en France, avec les internationales sous contrat avec la Fédération, autorise la pratique des deux disciplines, ce qui est inenvisageable pour les garçons de la façon dont est organisé notre secteur professionnel.

L'introduction du 7 au programme olympique pourrait toutefois changer la donne. Une première convention, signée entre la FFR et la LNR, autorise la mise à disposition de quelques joueurs professionnels, trois ou quatre par étape du circuit mondial, en cette année de qualification pour Tokyo 2020. Quant à l'idée de créer une équipe à 7 dans chaque club de Top 14 et d'instaurer un circuit français avec sept étapes, une autre proposition émise en 2016 par la LNR dans son plan stratégique, celle-là aurait avancé et pourrait se concrétiser rapidement.

J'ai eu la chance de faire partie de la première équipe de France de rugby à 7 à remporter un tournoi du circuit mondial, en 1996, à Punta del Este. En 1997, le lendemain du dernier match du Grand Chelem, face à l'Écosse, nous sommes partis disputer la Coupe du monde à Hong Kong : Marc et Thomas Lièvremont, Willy Taofifenua, Franck Corrihons, Michel Marfaing, Ugo Mola, Mickaël Noël... Que des joueurs titulaires dans leurs clubs, internationaux pour la plupart. Ça jouait bien. Je suis persuadé qu'avec les meilleurs joueurs du Top 14 on aurait encore aujourd'hui une équipe très compétitive.

La pratique du sept a des effets très bénéfiques pour les quinzistes. C'est un excellent moyen de formation. Quand je vois que chez les jeunes, dans les catégories 16-17 ans, ils ont deux mois de coupure, en février-mars, sans aucun match, je me dis qu'on pourrait monter des compétitions de 7 à ce moment-là.

Par nature, le 7 offre plus d'espaces que le 15 – quatorze joueurs sur le terrain prennent moins de place que trente – et l'évitement est plus fréquent que l'affrontement, sans pour autant exclure ce dernier. C'est la même chose avec le rugby féminin. Il y a des chocs et cela reste un sport d'engagement. Mais les impacts sont moins violents que chez les garçons car les joueuses ont avant tout la volonté de trouver l'espace. On ne voit pas, ou peu, de commotions cérébrales chez les filles. Toutes proportions gardées, elles favorisent l'évitement à l'affrontement.

J'ai une fille. Elle joue au rugby dans le jardin, avec moi et ses deux frères. Elle a 11 ans, gauchère, avec une très bonne passe. La « main du diable », comme disait ma mère. Mais elle ne regarde pas les matches et ne s'intéresse pas au rugby. En revanche j'ai une nièce, Marie, la fille de Raphaël Ibanez, qui joue à Dax. Elle se débrouille très bien. Raphaël est un peu inquiet mais elle y prend tellement de plaisir qu'il ne veut pas l'en empêcher.

Le rugby est très formateur pour éduquer la jeunesse, aussi bien les filles que les garçons. Ce n'est absolument pas un sport exclusivement masculin. C'est pourquoi il faut se réjouir de voir l'équipe nationale féminine briller comme elle le fait.

Cette équipe véhicule des valeurs saines. De les voir si heureuses, à prendre et donner du plaisir, c'est tout ce qui nous a fait aimer le rugby et c'est pourquoi on suit leur parcours avec autant d'attention que de passion.

Je pense qu'on a tout intérêt à favoriser et développer la mixité du rugby. Dans les premières catégories d'âge, le rugby est mixte et la dernière fois que je suis allé voir jouer mon aîné, Joseph qui a 13 ans, le talonneur de l'équipe en face était une fille. Et elle y allait ! Les filles peuvent jouer avec les garçons jusqu'à 14 ans. Le grand problème, c'est que la carte des clubs féminins qui pourraient les accueillir, passé cet âge, laisse de grandes zones désertiques, et de nombreuses joueuses sont ainsi perdues chaque année.

Une des priorités, pour la FFR et la LNR, sera donc de favoriser l'éclosion d'équipes féminines dans les bassins où il n'en existe pas encore. Dans le monde, sur les 9 millions de licenciés recensés par World Rugby, 2,4 millions sont des filles. On est très loin de ces proportions en France (environ 20 000 sur un peu moins de 300 000 licenciés) même si leur progression est constante, tandis que la chute des licenciés garçons, notamment chez les jeunes, se confirme.

Cela montre d'autant plus le caractère socio-éducatif du rugby. On peut avoir une vision féministe de ce sport. On ne peut qu'être admiratif en voyant les filles si intelligentes, combatives, courageuses et solidaires. Dans l'histoire de l'humanité, le combat des femmes pour gagner leur juste place dans la société est permanent et il faut se réjouir que des joueuses s'épanouissent comme cela dans le rugby, un sport pendant si longtemps réservé au seul genre masculin. De voir comment elles se l'approprient, le pratiquent à leur manière extrêmement positive, c'est super... Et tellement encourageant pour l'avenir de notre sport.

Chapitre 7

Former les formateurs

Les succès que le rugby français a remportés en 2018, avec le titre mondial des moins de 20 ans et le Grand Chelem des filles, attestent que tout n'était pas si mauvais que ça dans le système de formation que la Fédération (FFR) et sa Direction technique nationale (DTN) venaient de modifier. Loin de moi, pourtant, l'idée d'affirmer que ce changement d'orientation, privilégiant l'évitement à l'affrontement, ou l'initiative à la programmation, n'était pas nécessaire. Comme beaucoup d'autres techniciens, je me suis toujours opposé à l'option du « tout physique » que prônaient nos dirigeants jusqu'à leur revirement subit, imposé par deux constats alarmants : l'aggravation des mauvais résultats du XV de France et l'augmentation des accidents graves – parfois mortels – chez nos pratiquants.

En quelques mois, les directives fédérales sont donc revenues sur toutes les priorités qui avaient présidé, ces dernières années, à l'apprentissage de notre sport, de l'école de rugby jusqu'à l'élite d'une génération, désormais regroupée dans les « académies » des clubs professionnels. Si je ne partage pas toutes les nouvelles orientations, le message qui les accompagne me convient globalement. Que la Fédération affirme la nécessité de renforcer à la fois l'aspect ludique et la sécurité chez les plus jeunes est plus qu'une évidence, un devoir. Qu'elle ne fasse plus du « bodybuilding » une qualité supérieure à la gestuelle ou au mental dans l'évaluation du potentiel d'un joueur, c'est parfait. Qu'elle promette le déploiement de cadres techniques dans toutes les régions pour encadrer les éducateurs de clubs, j'applaudis des deux mains… Et j'attends de voir si on trouvera les moyens financiers et humains pour concrétiser cette belle intention dans les faits.

J'étais tellement persuadé que nous foncions droit dans le mur auparavant que rien de fondamental ne m'oppose à ce tournant. Ce qui me dérange, c'est plutôt qui et comment on nous l'impose. Encore une fois, c'est un petit groupe de personnes à la DTN qui a décidé pour l'ensemble du rugby français, sans concertation avec les éducateurs des clubs ou des structures décentralisées de formation. Tout dicter d'en haut, sans dialogue, ne peut que faire naître des oppositions et donc nuire à l'efficacité du projet. D'autant qu'on peut émettre des doutes sur la solidité des convictions de ceux qui ont édicté la nouvelle ligne dans la mesure où ces mêmes personnes ont prôné l'exact contraire pendant des années. Pour être convaincant, il faut d'abord être convaincu.

Or, tant que la Fédération n'aura pas formulé un projet global visant, sur le long terme, à réinstaller durablement l'équipe de France parmi les trois ou quatre meilleures nations du monde, elle ne pourra fédérer l'ensemble de ses licenciés autour d'un objectif commun. Ce projet devrait s'articuler en quatre thèmes : 1) identifier les exigences du haut niveau, 2) définir quel jeu on veut pratiquer, 3) comment faire pour y parvenir, 4) déterminer les personnes à même de porter ce projet. Voilà le premier défi auquel devraient s'atteler nos dirigeants afin que les conseillers techniques qu'ils prévoient de déployer sur le territoire diffusent, partout, le même message : celui du rugby français qui veut retrouver son rang et son image.

On en est encore loin mais, en matière de formation, il faut toujours raisonner à long terme et imaginer ce qui se cache au-delà de l'horizon. N'importe quel enfant qui arrive à l'école de rugby doit entendre parler de l'équipe de France et caresser le rêve de jouer un jour pour elle. Tous ne pourront y parvenir, mais chacun doit avoir été nourri par cette philosophie du jeu que lui auront inculquée ses éducateurs successifs. Ainsi, vers 15-16 ans, les meilleurs éléments d'une génération auront tous les arguments pour répondre aux exigences du haut niveau auquel ils continueront d'aspirer. Les autres, l'immense majorité, joueront à un moindre niveau, mais avec un vécu tactique et technique qui leur garantira du plaisir bien avant d'attaquer la troisième mi-temps.

Les meilleurs poursuivront donc leur apprentissage vers l'élite dans les catégories U17, U18, et U20. Avec le bagage qu'ils auront acquis lors des années précédentes, il ne s'agira plus, pour leurs éducateurs, que de perfectionnement qualitatif. Tout le rugby, les clubs comme l'équipe de France, en tirera bénéfice. On me taxera d'utopisme, je préfère me trouver optimiste. Je rêve d'une Fédération qui possède les compétences les plus pointues et qui se rend dans les clubs pour échanger, transmettre, ouvrir... Une Fédération qui incarne l'élite mais qui se remet continuellement en question en se confrontant à ce qui se fait de mieux en Nouvelle-Zélande, en Afrique du Sud ou en Argentine...

Marcoussis doit être un centre d'excellence où, au-delà des joueurs, on forme et perfectionne nos éducateurs et nos entraîneurs. Le Centre national doit devenir « la Maison du rugby » où toute la réflexion sera centralisée et où toute question posée par un technicien, de quelque niveau que ce soit, pourra trouver sa réponse. Cela conduira à redéfinir le rôle et le fonctionnement de la DTN. Pour moi, le Directeur technique national doit être une sommité du rugby, mondialement reconnu et médiatisé comme tel. Il doit maîtriser le jeu dans ses moindres recoins, de la formation de l'enfant jusqu'au plus haut niveau. Il doit aussi le conceptualiser pour le transmettre à ses adjoints qui, à leur tour, vont le communiquer dans les clubs et surtout rappeler inlassablement quelles sont les exigences pour gagner au plus haut niveau.

Le problème avec notre DTN, depuis longtemps, c'est que les enjeux politiques ont souvent bridé les choix de personnes aptes à occuper ces positions. Il est regrettable que, à la Fédération, le politique prenne le pas sur le sportif. Quand j'y étais, pendant les trois années où j'ai entraîné les moins de 20 ans, j'ai constaté que beaucoup étaient en place parce qu'ils savaient bien dire ce que le responsable avait envie d'entendre et non parce qu'ils défendaient leurs idées sur le jeu. J'ai aussi pu mesurer combien le fonctionnement de cette instance pouvait l'isoler du reste du rugby français. Ce n'est pas parce qu'on est membre de la DTN et qu'on a un bureau à Marcoussis qu'on n'a pas besoin de consulter l'avis de la base, sur le terrain, avant de prendre des décisions importantes.

Je vais prendre pour exemple deux réformes adoptées récemment, sans consultation des principaux intéressés, qui, à mon avis, ne vont pas dans le bons sens. La première concerne les enfants et la recommandation, dans le cadre du programme « Bien Joué », du jeu à « toucher deux secondes » pour les plus jeunes de nos pratiquants. Cet outil pédagogique peut aider les éducateurs à inculquer le sens de la circulation collective et de la continuité du jeu à leurs ouailles. Inventé depuis longtemps, il était recommandé de l'utiliser en début de séance ou sur une journée particulière. Mais pas en continuité sur tout un trimestre, comme le préconise désormais la FFR. On risque en effet d'inculquer de mauvaises habitudes aux débutants car le « toucher » reste très éloigné de la réalité du rugby.

L'autre réforme qui est, à mon sens, une grosse bêtise, c'est la création des « académies », rattachées à des clubs professionnels, pour remplacer les « pôles », à partir de l'année scolaire 2017-2018. Jusque-là, les meilleurs de nos jeunes étaient regroupés dans des « pôles Espoirs », dans une quinzaine d'établissements répartis sur le territoire national. Des U17 aux U20, de la seconde à la terminale, ils suivaient une scolarité normale – fortement surveillée par les responsables pédagogiques des pôles – tout en recevant une formation rugbystique du lundi au vendredi. L'avantage de ces pôles est qu'ils concentraient l'élite de toute une région en effectif suffisant pour travailler la circulation sur le terrain ; et que les équipes des différents pôles se rencontraient régulièrement. Cela facilitait la détection pour les équipes de France jeunes et créait une émulation entre les postulants.

Lors du championnat du monde 2018, on a remporté le titre avec la dernière génération ayant suivi le cursus complet de formation de l'élite, tel qu'il était conçu auparavant. Ces jeunes ont parlé sur le terrain le même langage, celui qu'on leur avait appris dans les pôles Espoirs, où, pour la plupart, ils ont été éduqués de la même manière par des éducateurs travaillant en concertation grâce à la coordination nationale des pôles. Je crains qu'on ne regrette très vite la décision de les fermer.

La première crainte qu'on peut nourrir est que les clubs se montrent moins regardants sur l'exigence scolaire. Il existe de nombreux précédents de jeunes professionnels sommés par leur club de choisir entre leurs études et le rugby. La seconde, c'est que tous les entraînements sur la circulation collective ne pourront plus se faire dans les pôles, mais dans les clubs, où le niveau général des groupes sera forcément moins relevé. J'ai aussi le cœur gros en voyant le pôle d'Ussel, où j'ai été éduqué au rugby de mouvement par Pierre Perez, fermer ses portes pour laisser la place à l'académie de Brive, liée au CAB, qui a accueilli, dans sa première promotion, une vingtaine de jeunes (deux tiers de garçons, un tiers de filles). Sur ce sujet, et sur bien d'autres, je vous renvoie aux entretiens avec Pierre Perez et Pierre Villepreux, qui se trouvent dans les derniers chapitres de ce livre.

En plus des quatorze pôles Espoirs, la Fédération présidée par Bernard Laporte a également décidé de fermer le pôle France de Marcoussis, que pas grand monde n'a regretté. Les meilleurs, au sortir des pôles Espoirs, y étaient regroupés pour une année scolaire ou universitaire. Ils formaient l'ossature de l'équipe de France des moins de 20 ans. Il serait sans doute hâtif d'affirmer que si nos Bleuets ont été sacrés champions du monde en 2018, c'est grâce à la fermeture de Marcoussis. Mais il faut reconnaître que, reversés dans leurs clubs, ils ont pu participer aux entraînements avec les professionnels, mettre en avant leurs qualités et grappiller quelques feuilles de match. Leur expérience et leur confiance en ont été renforcées.

Pour autant, il ne faut pas fanfaronner. Champions du monde des jeunes, nous l'avions déjà été, en 2006. Le rugby français ne peut pas se contenter de remporter, une fois tous les douze ans, une compétition qui se déroule chaque année. Son ambition devrait être d'avoir, à chaque Coupe du monde, dans toutes les catégories d'âge, son équipe nationale au moins en demi-finale. Voilà l'objectif qui devrait être fixé mais, pour l'atteindre, le chantier sera immense et les travaux risquent de durer longtemps.

Quand j'entraînais l'équipe de France des moins de 20 ans, donc les meilleurs de leur génération, j'ai été étonné par leurs lacunes stratégiques et, donc, par leur manque de repères collectifs. Sur le terrain, cela se traduisait par des comportements de soutien pas du tout adaptés à l'action du porteur de balle. La première mission d'un entraîneur, c'est de donner à ses joueurs une âme d'entraîneur. Amener chacun à se demander comment améliorer son rendement et celui de l'équipe. À réfléchir sur la situation à mettre en place pour exploiter au mieux ses propres capacités techniques, physiques ou mentales. À mon sens, trop peu de joueurs avaient formalisé le jeu dans son sens collectif, notamment en situation offensive.

Je leur répétais qu'ils n'étaient pas responsables de ce qu'ils étaient. Les responsables, c'est nous et ce qu'on ne leur a pas transmis dans leur formation. Si celle-ci est irréprochable, un Français ne sera pas moins bon qu'un Néo-Zélandais. Pour cela, elle ne doit pas être dissociée du jeu, décontextualisée. En revenant à une compréhension du jeu plus générale, en donnant du sens à tous les exercices à l'entraînement, on aura fait une grande partie du travail. On retrouvera alors des joueurs de rugby qui le sont vraiment au sens propre du terme ; à savoir qu'ils sauront répondre à toutes les situations auxquelles un match peut les confronter.

Dès lors, on ne criera plus au miracle en voyant un deuxième-ligne des All Blacks (Retallick) enrhumer un trois-quarts australien par une feinte de passe et aller marquer entre les poteaux. Fabien Pelous la faisait, cette feinte de passe, et c'était un deuxième-ligne français. Fabien a joué à 7, il savait faire des passes. Par contre, quand il y avait nécessité d'affrontement, il répondait. Retallick, c'est pareil. Je me souviens d'un match en Afrique du Sud où les Springboks avaient décidé de muscler les débats. Pas de problème, il s'est montré à son avantage dans ce registre-là aussi.

Mais ça, on ne peut l'obtenir qu'avec une formation évolutive, encadrée à chaque étape par des éducateurs à qui on a donné le bon contenu. Hélas, on a trop individualisé la formation du joueur en négligeant les aspects collectifs. Le rugby nécessite d'acquérir très tôt dans sa formation une connaissance des aspects généraux de la circulation offensive et défensive. On est en train de tirer les leçons de ce mode de formation. Je m'en félicite, tout en m'interrogeant à la fois sur l'inertie du système et sur les moyens qui vont être mis en œuvre pour concrétiser ce changement.

Ce qu'on a fait, pendant des années, c'est découper, décontextualiser l'apprentissage des gestes du rugby par rapport au jeu. On a créé des exercices plutôt que d'amener des situations où tel geste doit être exécuté et qui permettent de donner du sens à ce qui est fait. Comprendre le sens d'un exercice technique est indispensable pour le replacer à bon escient dans une situation de jeu collectif et ne pas être perdu dans le désordre.

Par exemple, on a fait des ateliers de jeu au sol, pour y apprendre les bonnes attitudes. Mais le jeu au sol n'est pas une fin en soi. Ce qui doit prévaloir, c'est la continuité, donc de rester debout au maximum. Quand on arrive au sol – ce qui, pour moi, est un accident de jeu – le but est d'avoir un soutien en premier afin de ne pas avoir à batailler avec le défenseur qui vient contester le ballon. Si la circulation est bien mise en place, en général tu arrives le premier sur ce point de rencontre et le jeu peut continuer.

Beaucoup de formations ont été élaborées sur des aspects individuels, décontextualisés, qui n'ont pas permis de retranscrire ces apprentissages dans le jeu général. Si on ne leur donne pas de sens, les jeunes ne comprendront pas quand et pourquoi les utiliser. Je prends un autre exemple : des joueurs arrivent sur un point de rencontre, le ballon est disponible mais, plutôt que d'être dans une situation où ils suppléent le demi de mêlée pour prendre la balle et l'éjecter, ces joueurs viennent s'amalgamer au regroupement. C'est parce qu'on leur a appris à faire ça à l'entraînement. Mais, dans le contexte du jeu, si un ballon est disponible, il faut le jouer.

Mettre en œuvre un plan de formation global de nos éducateurs est, aujourd'hui, une décision plus importante que le choix du futur sélectionneur des Bleus. Cela va prendre du temps et coûter de l'argent, mais c'est l'investissement prioritaire. Je loue le bénévolat mais on a des éducateurs qui n'ont pas, pour la plupart, les moyens pédagogiques et tactiques pour aider nos jeunes à se développer dans de bonnes conditions. Ce sont certes des amoureux du rugby mais ils s'inspirent des matches du Top 14 et des entraînements des équipes professionnelles. On voit ainsi les gamins s'entraîner avec des boucliers, des protections, alors que ça n'est pas du tout adapté à leur stade d'apprentissage du jeu.

Le postulat de départ pour les enfants, c'est de leur proposer une activité ludique afin qu'ils n'aient qu'une envie à la fin d'une séance d'entraînement : revenir à la prochaine. Qu'ils ne voient pas du tout de contraintes dans un premier temps. Que rien ne soit redondant, rébarbatif. Quand ils vont au rugby, c'est pour jouer avec un ballon. On ne va pas leur donner envie de persévérer si, pendant deux fois une heure et demie, ils ne voient que des boucliers et des plots. Ça ne veut pas dire que les gamins ne doivent pratiquer que le jeu libre. Car dans le rugby, il y a des règles. Il faut donc orienter l'enfant, lui donner certains codes, qui sont adaptés évidemment à son âge et à son niveau, pour lui permettre d'appréhender et d'assimiler les règles petit à petit.

Pour atteindre cet objectif, nos éducateurs doivent être pris en charge et leur formation doit être dirigée par un superviseur qui permette de bien maîtriser tout ce qui est proposé aux enfants. Il faut en finir avec les éducateurs axés sur la « championnite ». Les structures professionnelles doivent dégager des crédits pour prendre en charge financièrement leurs éducateurs, pour les former avec des mises à niveau régulières, afin qu'ils adhèrent à un projet de jeu national tracé pour dix ans...

Il y a urgence car il y a de moins en moins de licenciés dans notre sport, pour tout un tas de raisons. Entre les mauvais résultats du XV de France, les accidents dans le rugby et les titres conquis par les footballeurs ou les handballeurs, notre activité attire moins. Il faut très vite trouver les moyens de la rendre séduisante, qu'elle plaise et fasse à nouveau rêver les jeunes.

Chapitre 8

Deux semaines chez les Crusaders

En janvier 2017, j'ai pu aller étudier de près la province la plus titrée de l'hémisphère sud. J'ai voulu découvrir leurs installations à Christchurch et surtout prendre connaissance du projet de Scott Robertson qui venait d'être nommé entraîneur principal, quelques mois auparavant. Nous nous sommes souvent affrontés sur le terrain, quand il jouait en troisième ligne pour les All Blacks et moi pour la France. Nous avions gardé le contact depuis cette époque et nous nous sommes retrouvés à nouveau opposés quand nous entraînions les moins de 20 ans de nos nations respectives.

Quand je lui ai fait part de mon intention de me rendre en Nouvelle-Zélande pour en savoir plus sur le rugby de ce pays, il m'a chaleureusement ouvert la porte des Crusaders. J'ai été surpris par leur accueil dans la mesure où j'ai pu assister à toutes leurs réunions ou entraînements, sans aucune restriction. J'ai eu accès à tous leurs projets de jeu, à toutes leurs combinaisons. L'attaque, la défense, l'organisation du club, j'ai tout vu.

Ce qui m'a le plus marqué, c'est leur simplicité et l'ouverture dont ils font preuve. Pour eux, partager une information, ça n'est pas mettre leur équipe en danger, comme on le pense chez nous. La rétention de l'information, telle qu'on la pratique dans le rugby français est, à mon avis, plus préjudiciable que bénéfique. En Nouvelle-Zélande, ils considèrent au contraire que l'échange est le meilleur moyen d'enrichir leurs connaissances.

L'important n'est pas d'avoir l'information mais de savoir comment l'utiliser. Pour ça, il faut de la méthodologie et, avant d'évoquer le rugby, Scott m'a parlé d'un projet de vie et de la création d'une identité. Son approche refuse de sensibiliser le joueur uniquement à l'aspect sportif et l'envie d'aller chercher des victoires. Il veut que lui et sa famille se sentent bien dans le club. Il veut les rendre fiers et heureux d'y appartenir. Il tient absolument à associer l'entourage du joueur à sa réussite.

Cette philosophie englobe donc l'ensemble des personnes qui pourraient, à un moment ou à un autre, influer sur la performance individuelle ou collective des joueurs. Elle correspond parfaitement à ce que je pense : le club ne doit pas être un simple employeur ; il doit se soucier de l'intégration et du bien-être de ses joueurs. Les Crusaders ont le souci permanent de mettre le joueur dans les meilleures dispositions physiques et mentales pour qu'il soit à cent pour cent sur le terrain.

Scott délocalise souvent les entraînements pour aller au contact des spectateurs, et il y a beaucoup de terrains à Christchurch. Quand j'y étais, nous sommes allés jouer en bord de mer, au milieu des surfeurs ; c'était en plein été austral. Les gens s'arrêtaient pour boire un coup, discuter avec les joueurs tout à fait accessibles. Le club ne se referme pas sur lui-même et ça permet aux joueurs d'être en lien avec la réalité quotidienne de ceux qui les soutiennent.

Scott associe aussi les familles lors des réunions, des barbecues après les entraînements. Il veut que tous se connaissent en dehors du terrain afin de se trouver d'autres affinités que le rugby. Cette volonté permanente d'ouvrir le club permet de rendre fières la communauté et les familles des succès de l'équipe. Et ça permet aussi de conserver leur soutien dans les moments difficiles. J'ai vraiment été frappé par la proximité établie entre l'équipe et son public.

L'organigramme des Crusaders n'est pas aussi pléthorique que dans de nombreux clubs professionnels français. Au-dessus de Scott, entraîneur en chef, il y a un manager chargé de toute la logistique : organisation des déplacements, problèmes administratifs des joueurs... tout ce qui permet à l'équipe d'être débarrassée des petits soucis quotidiens. Scott est véritablement concentré sur le sportif avec trois adjoints : un pour les avants qui a une expertise sur la mêlée et sur la touche, un pour les arrières et un autre en charge de la circulation générale. C'est un staff réduit mais je pense qu'en Europe, et en France en particulier, on est excessif avec des staffs de dix, douze personnes en charge du sportif. C'est beaucoup trop, à mon sens, et le message est dilué au lieu d'être concentré dans la voix de l'entraîneur en chef. Après, il y a la partie médicale et la préparation physique où il y a plus de monde, mais ça reste une petite équipe.

Les installations sont très fonctionnelles et très bien pensées. L'ouverture de la salle de musculation donnant directement sur le terrain, vient souligner que la préparation physique n'est jamais éloignée du rugby. D'ailleurs, beaucoup d'entraînements physiques sont intégrés dans des séances avec ballon. Pour moi, c'est très important. J'en étais persuadé avant d'y aller mais je suis revenu encore plus convaincu après avoir vu comment ça fonctionne là-bas.

Ce qui m'a marqué aussi, c'est la simplicité avec laquelle tout est mis en place. Il n'y a rien de compliqué dans les séances d'entraînement mais l'accent est mis sur la concentration, l'intensité et la responsabilité. Cela suffit à faire la différence. Nous, parfois, on va cogiter sur des recherches trop compliquées alors qu'eux appliquent trois lancements de jeu parfaitement exécutés. Mais la simplicité est parfois la chose la plus difficile à réaliser. Ils ne font rien d'exceptionnel mais tout ce qu'ils font est bien fait. Ces exécutions parfaites, à haute intensité et en pleine concentration, m'ont convaincu que Scott travaille avec des joueurs autonomes parce qu'ils se sont approprié le projet commun.

J'ai vu tous les joueurs décider d'eux-mêmes d'un exercice collectif ou individuel. À mon sens, c'est ce qui fait la différence avec le rugby français. J'ai senti à Christchurch, un grand sens des responsabilités, en voyant les joueurs arriver bien avant l'heure de l'entraînement pour s'y préparer individuellement ou pour partager un café dans leur salle de vie et discuter de la séance ou du match à venir. Ça vit rugby, ça parle rugby, ça s'intègre rugby… Et puis, après l'entraînement, ce n'est jamais une tierce personne qui nettoie le vestiaire mais les joueurs eux-mêmes, à tour de rôle. C'est une autodiscipline basée sur des droits mais aussi des devoirs.

Ceux qui arrivent chez les Crusaders ont surtout des devoirs. Cela se fait naturellement, et si un joueur ne s'intègre pas dans cette philosophie, il s'élimine de lui-même et ils ne le gardent pas, même s'il est très bon sur le terrain. La priorité est toujours donnée au projet collectif et aux règles qui l'accompagnent. Un individu, aussi talentueux soit-il, ne peut les remettre en cause.

Ryan Crotty, Israel Dagg, Sam Whitelock, Kieran Read, Owen Franks… ils sont presque tous internationaux. Ces stars mondiales sont complètement intégrées au projet, au même titre que les jeunes qui arrivent et qui sont de futurs All Blacks. Il n'y a pas de différence de traitement dans l'équipe. Les règles sont les mêmes pour tout le groupe. En revanche, il y a des adaptations sur la préparation physique individuelle des internationaux, en lien avec la fédération.

Dans le système néo-zélandais, les franchises sont autonomes de la fédération pour leur recrutement et Scott choisit ses joueurs. Il peut arriver que la fédération suggère le transfert d'un joueur dans une franchise pour lui faire gagner du temps de jeu, mais ça ne se fait jamais sans l'accord de l'entraîneur. Quant au système de jeu à produire, il n'y a pas non plus de consignes fédérales. Mais elles seraient inutiles dans la mesure où tous les entraîneurs néo-zélandais sont naturellement dans la recherche et dans le partage. Culturellement, ils sont fortement attachés au jeu de leur équipe nationale et ils transmettent à leurs joueurs ce qu'ils ont appris sous le maillot noir. Mouvement, vitesse, précision, prise d'initiative... c'est leur ADN, la fédération n'a pas besoin de leur rappeler. Les franchises et la fédération sont en contact permanent et Scott m'a dit, en janvier 2017, qu'ils étaient déjà en train de réfléchir au jeu qu'il faudra produire pour la Coupe du monde 2023...

Les Crusaders ont certainement moins de moyens financiers que Clermont ou le Racing 92, mais ils vont à l'essentiel sans se disperser dans des dépenses peut-être inutiles.

En France, certains clubs investissent beaucoup dans des outils technologiques dont les Crusaders ne disposent pas. Mais sont-ils nécessaires à la bonne préparation d'une équipe de rugby ?

Scott m'a posé beaucoup de questions sur le rugby français et notamment sur notre équipe nationale. Comme tous les Néo-Zélandais, il ne comprend pas ce qui lui arrive depuis des années. Dans ce pays, il y avait, et il y a toujours, de l'admiration pour la créativité qui caractérisait l'équipe de France. Scott a joué trois ans à Perpignan (2003-2006), quand l'USAP était au sommet. Il a été impressionné par la ferveur des Catalans. En Nouvelle-Zélande, même quand il était All Black, il n'était jamais dérangé dans la rue… Sur le jeu, en revanche, il a été marqué, par la capacité des joueurs français à sortir, en cours de match, des consignes établies avant la rencontre.

Il n'a pas à gérer ce genre d'inconvénient avec ses Crusaders. Scott les a menés à deux titres en deux saisons avec un bilan éloquent : trente-cinq victoires et seulement trois défaites. En ayant gagné deux fois le Super Rugby, sa cote d'entraîneur est montée mais il a fait le choix de prolonger son contrat jusqu'en 2021. Il reste ainsi à la disposition de la fédération néo-zélandaise, au cas où celle-ci le choisirait pour diriger les All Blacks.

En Nouvelle-Zélande, il y a cent soixante-dix contrats professionnels mais, derrière, ceux qui arrivent s'entraînent comme des pros. Et dès qu'un joueur part pour l'Europe ou le Japon, celui qui le remplace est déjà prêt. Ça n'est pas le cas chez nous où, pourtant, nous avons plus de mille cinq cents contrats professionnels. Moi, j'entends par « professionnel », non pas un joueur payé pour jouer au rugby et ne rien faire d'autre, mais un joueur autonome, capable de s'entraîner seul et qui n'attend pas le contrat pour être prêt à intégrer le plus haut niveau.

Là-bas, j'ai vu des jeunes qui partagent des maisons à quatre ou cinq et qui jouent au même niveau que les stars, à la différence qu'ils ne sont pas payés. Ou très peu. Cela me fait penser à l'interview de Steve Tew, le président de la fédération néo-zélandaise, que j'ai lue dans *Midi olympique*. Il disait : « Au lieu de vous demander ce que nous faisons en Nouvelle-Zélande, interrogez-vous sur ce que vous ne faites pas. »

Le rugby français pèche par suffisance parce qu'il traverse une période où il a de l'argent. Les conditions actuelles sont assez incroyables avec des droits télé qui ne font qu'augmenter, des clubs avec des budgets de plus en plus importants. Ce confort n'incite peut-être pas à la réflexion comme y sont contraints les Néo-Zélandais qui ne disposent pas des mêmes moyens financiers. Ils sont obligés de cogiter, de réfléchir au projet sportif et de développer d'autres ressources.

Durant mon séjour à Christchurch, on n'a pas trop parlé des salaires des joueurs mais, vu le niveau de jeu de certains, largement supérieur à celui des stars de notre Top 14, on peut dire qu'ils ne touchent rien en comparaison des traitements pratiqués en France. D'ailleurs, sur le parking du centre d'entraînement des Crusaders, on ne voit pas de grosse voiture et il y a même des joueurs qui utilisent les transports en commun...

Chapitre 9

Chacun à sa place

Selon un vieux proverbe de nos campagnes, il faut toujours mettre l'église au centre du village. Autrement dit, chaque chose doit être à sa place et chacun dans son rôle. Si on peut dire que c'est le cas chez les Crusaders, à Christchurch, comme dans beaucoup d'autres clubs et nations du monde, ce principe de bon sens ne préside plus à l'organisation du rugby français. Le joueur n'y tient plus son rôle d'acteur principal, la vedette lui étant volée par son entraîneur, quand ça n'est pas par son président. Et les intérêts du club ou de l'équipe de France, qu'on évoque le niveau local ou national, ne passent plus au-dessus de ceux des individualités.

J'entends trop souvent dire qu'on ne pourra plus revenir en arrière. Et pourquoi pas ? Je suis bien conscient de l'évolution des mentalités chez les nouvelles générations de joueurs. Je sais bien que l'« amour du maillot » ne se définit plus comme autrefois, que la relation club-joueur s'est dégradée. Mais les torts sont, à mon avis, partagés. Le club a la responsabilité de l'éducation de ses joueurs, depuis les tout-petits jusqu'à l'équipe première. Avant le montant du contrat, il doit mettre en avant son passé et sa culture.

Il faut aider le joueur à prendre conscience que le club pour lequel il joue a une histoire de plus d'un siècle. Qu'il s'est forgé une identité fortement liée au territoire auquel il appartient. Si bien que le joueur doit se sentir investi d'une certaine responsabilité. Dans tous les sports collectifs, et en particulier dans le rugby, l'aspect affectif est primordial. On entend beaucoup que, pour être performant, un club doit être géré comme une entreprise. Mais dans le sport, on n'est pas seulement confronté à une réalité économique où l'affect est secondaire, voire absent. Il est important pour les clubs, quand ils accueillent des joueurs, surtout ceux venus de l'étranger, de valoriser l'histoire du club et de la communauté qui l'entoure. Et les responsabilités qui en découlent, pas uniquement sur le plan sportif.

Montpellier est la preuve qu'on ne fait pas toujours la meilleure équipe avec les meilleurs joueurs. Parce que, à la fin, il va manquer le plus important : l'émotion, les sentiments et l'attachement à son club qui permettent de se dépasser à un moment crucial, plus seulement pour soi, ses coéquipiers, mais aussi pour les gens côtoyés dans et autour du club. Tout cela a manqué aux Montpelliérains, en finale du Top 14 2018, et a fait la force du collectif castrais… Même si le joueur professionnel est de plus en plus de passage, il doit être porté par l'idée de laisser une trace, le souvenir de quelqu'un d'intègre, de droit, qui n'est pas venu au club uniquement pour y prendre de l'argent. Rory Kockott, le demi de mêlée du Castres Olympique, est, je pense, l'un des meilleurs exemples de cette implication.

Aujourd'hui, on reproche à certains joueurs de se couper totalement de leur environnement. Ça n'est pas forcément leur faute, parce que les clubs ne prennent pas le temps d'insister sur cet aspect et d'inclure les familles dans un projet général. J'en reviens aux Crusaders de mon ami Scott Robertson. D'emblée, il explique à ses joueurs où il veut aller ; puis comment il veut y aller, avec quelles valeurs… L'aspect financier est là, évidemment, mais une fois qu'il a été réglé, il n'est plus question que de projet sportif, philosophique. De projet de vie, finalement. Le palmarès de cette équipe devrait en inciter beaucoup à adopter sa démarche qui responsabilise les joueurs.

Quand j'entraînais, notamment les moins de 20 ans, j'aimais laisser mes joueurs s'exprimer. Je les y engageais dans mes discours, parce que je n'ai jamais estimé avoir la science infuse. Beaucoup d'entre eux se sont invités à ces discussions : les Serin, Cros, Dupont, Marchand, Bonneval... Ils avaient un avis sur le plan tactique et le donnaient volontiers. Tout en restant fidèle à ses convictions, l'entraîneur doit savoir écouter et se donner la possibilité de convaincre ses joueurs... ou d'être convaincu par eux. Mais c'est dur aujourd'hui de trouver des joueurs qui contestent une idée avancée par le « coach ».

L'entraîneur ne joue pas, le joueur oui. Si ce dernier doit prendre une initiative en match, il le fera d'autant plus sereinement si, hors terrain, il a pu en discuter avec son entraîneur et sentir sa confiance. Il faudrait donc laisser les joueurs s'exprimer davantage. Avant, ils étaient plus écoutés. Désormais, sous prétexte de bien les payer, on leur demande de se taire. Mais ont-ils vraiment envie de parler ? J'aimerais leur demander s'ils sont satisfaits du niveau de jeu du Top 14. J'aimerais qu'ils me répondent en toute honnêteté, en se dégageant du contexte, des 30 000 euros qu'ils touchent par mois, en ne parlant que de jeu. Est-ce que vous vous amusez pendant les matches ? Êtes-vous heureux ? Il faudrait sans doute un détecteur de mensonges.

Il est temps d'inculquer aux joueurs que l'information est disponible, que l'entraîneur est là pour les accompagner, mais il faut que ça vienne d'eux. Qu'ils s'intéressent à ce qu'ils font, qu'ils raisonnent par eux-mêmes. Sur ce point, la responsabilité des entraîneurs est engagée pour leur avoir trop laissé croire que tout leur était dû. Ça rejoint le jeu, où les joueurs attendent que l'entraîneur leur dise : « Premier temps, tu te mets là, deuxième, là », et ainsi de suite. Quand la situation change et qu'il faut s'y adapter, non seulement ils en sont incapables parce qu'enfermés dans des schémas définis, mais en plus, en cas d'échec, ils en feront peser la responsabilité sur l'entraîneur. Avant, le joueur était responsable de ses actes sur le terrain, à travers, bien sûr, les principes de jeu définis qui lui laissaient sa liberté d'initiative.

L'erreur est acceptable, à partir du moment où, derrière, il y a correction. Il n'y aura jamais de match parfait. L'objectif est de réduire au maximum le nombre d'erreurs et, surtout, de ne pas les répéter. L'erreur n'est bénéfique que si elle est suivie d'une réflexion. Si le joueur a un retour rapide de son entraîneur sur les fautes qu'il a pu commettre en match ou à l'entraînement, il en commettra de moins en moins et deviendra meilleur. La différence entre un bon et un mauvais joueur n'est pas que le bon ne fait pas d'erreurs, mais que le mauvais continue à les faire.

Voilà, à mes yeux, la mission première de l'entraîneur : responsabiliser ses joueurs. Il faut beaucoup de passion et de conviction pour exercer cette fonction. Il faut du temps aussi et, aujourd'hui, on part de loin avec des joueurs qui, à cause de leur formation, manquent de repères et de connaissance sur le jeu. Or, le temps, c'est ce que les présidents donnent le moins à leurs techniciens, trop souvent jugés sur le court terme. Je peux donc comprendre la pression qui pèse sur les entraîneurs mais, à mon avis, elle ne justifie pas la retenue dans le projet de jeu dont beaucoup font preuve.

Qui dit « métier » dit « entretien d'embauche » et certains estiment qu'il vaut mieux rassurer le président avec des statistiques qu'il va tout de suite comprendre. Mais les stats n'ont jamais permis à une équipe de s'améliorer dans sa globalité. Pas tous, mais beaucoup d'entraîneurs en France restent sur un rugby programmé par lequel ils pourront éventuellement expliquer leur défaite. Comme aux joueurs, j'aimerais leur demander s'ils sont satisfaits du jeu produit par leur équipe, si ce jeu est conforme à leur passion et à leurs convictions.

Il y a une autre question que j'aimerais poser, mais celle-là à certains présidents qui occupent le devant de la scène. Est-ce que c'est l'argent qui les fait dégoupiller pour se croire au-dessus de la mêlée ? C'est ça qui me chagrine le plus dans le rugby actuel. Il n'appartient plus aux joueurs mais à des financiers, à des dirigeants qui sont en manque de notoriété et qui la ramènent sur tout et sur rien. Je ne voudrais pas laisser penser que je suis opposé à l'entrée des investisseurs dans le rugby professionnel. Au contraire, leur argent est indispensable à tout projet de développement. Mais la limite est franchie, avec certains présidents, lorsqu'ils s'immiscent dans les prérogatives de techniciens qu'ils ont embauchés – avec de gros salaires – pour s'occuper du sportif. Dans ces cas-là, le groupe des joueurs ressent forcément la dualité de pouvoir ainsi instaurée, et la confiance envers l'entraîneur s'en trouve affectée. La meilleure et essentielle pression que les présidents doivent mettre sur leurs joueurs et entraîneurs, c'est de les placer dans les meilleures conditions pour être performants.

Le sport sert davantage à révéler l'individu que le sportif. Et encore plus le rugby avec les valeurs collectives qui sont nécessaires pour le pratiquer. Je suis persuadé que si l'individu est bien dans ses baskets, le joueur sera performant dans ses crampons. Nos dirigeants ont, là aussi, un devoir d'exemplarité. Ils doivent être protecteurs vis-à-vis des joueurs afin de les amener à prendre des responsabilités. Parce que, finalement, ce sont eux les entraîneurs et les dirigeants de demain. Si ces joueurs sont bien accompagnés durant leur carrière sportive, ils en garderont quelque chose et ce sera tout bénéfice pour l'avenir du club ou de la Fédération.

Chapitre 10

Enfants de la France et du rugby

Une vie se construit au hasard de rencontres. J'aurais certainement été un homme différent si j'étais né dans une autre famille que la mienne. Je n'aurais peut-être pas autant aimé le rugby sans la passion communicative de Victor Boffelli, mon entraîneur chez les juniors d'Aurillac. Je ne serais pas devenu un troisième ligne international si Pierre Perez, mon éducateur au lycée sport-études d'Ussel, ne m'avait enseigné la lecture du jeu. Et je n'aurais sans doute pas eu autant foi en ce rugby de mouvement, si Pierre Villepreux n'avait pas été mon entraîneur en équipe de France. Toutes ces personnes, et d'autres encore, m'ont aidé à forger les convictions qui m'animent et que j'ai essayé de retranscrire dans ce livre.

Pour bien comprendre comment j'ai vécu mes sélections en équipe de France, je dois revenir en arrière, à mon enfance, à mon éducation. Je viens d'une famille modeste mais j'ai le souvenir d'une vie très heureuse, au milieu de mes trois frères et de nos parents très dévoués. Nous vivions à Aurillac, près du stade Jean-Alric et, le week-end, nous allions fréquemment rendre visite à mes grands-parents paternels, à Mandailles, petit village au pied du puy Mary, au cœur des volcans auvergnats.

En mélangeant le patois et le français, mon grand-père racontait souvent ses histoires sur la guerre de 1939-1945. Il exprimait beaucoup de respect et d'admiration pour la France. Il était patriote et défendait l'idée que la nation devait être représentée de la meilleure des manières. Venue de Normandie, ma maman était très sportive. Elle a été championne de France de basket avec Évreux et elle a même joué et entraîné jusqu'à plus de 50 ans. À la maison, elle avait des livres qui relataient les exploits de Colette Besson, Maurice Herzog, Michel Jazy, Alain Calmat... Ces grands sportifs honoraient notre pays et le faisaient rayonner dans le monde, nous disait-elle. C'est ainsi, autant par les récits de mon grand-père que par l'admiration pour des champions, que m'a été transmise la fierté d'être français.

Le jour où j'ai pu jouer pour la première fois avec un maillot bleu, en équipe nationale scolaire, j'ai senti que c'était un moment très particulier pour la famille. Et, avant de jouer pour une équipe de France de rugby, j'ai d'abord joué pour la France. J'étais fier de pouvoir chanter *La Marseillaise*. J'ai été emballé quand Laura Flessel, l'ex-ministre de Sports, a demandé qu'elle soit chantée avant les finales des championnats, Pro D2 ou Top 14. Je suis un citoyen du monde et je n'aime pas du tout le nationalisme, mais je suis fier de mon pays et souhaiterais que tous les Français le soient et concentrent leurs efforts pour le rendre encore meilleur.

Si je parle ainsi des valeurs patriotiques transmises par ma famille c'est parce que je m'en sens capable aujourd'hui, à 45 ans. Alors que, à l'époque où je jouais, je n'aurais jamais pu exprimer toutes les émotions que je ressentais. Je suis d'une famille où on ne s'épanche pas sur ses sentiments. Nous sommes assez pudiques, voire timide dans mon cas. Certains ont cru déceler en moi de l'arrogance alors que c'était juste de la réserve. Souvent, quand j'étais joueur, on me reprochait mon incapacité à laisser les autres pénétrer dans ma bulle. C'était une manière de me protéger.

Dans leur éducation, mes parents m'ont transmis des valeurs fortes et ont toujours voulu mettre en avant la liberté de décider par soi-même. Et surtout, ils nous ont toujours soutenus dans nos choix. Plus j'avance et plus je ressens la nécessité de rester fidèle à ces principes issus de mon éducation. Je suis loin d'avoir des certitudes mais seulement des convictions fortes que je m'efforce de défendre. Je ne prétends évidemment pas détenir *la* vérité, mais ma vérité, que je peux remettre en question à partir d'un échange d'idées. Le facétieux Alain Roumieu, ancien demi de mêlée de Lavelanet, l'avait dit avec humour, par une formule devenue célèbre : « Il n'y a pas que des cons dans le rugby, mais tous les cons y sont ! » Pour la reprendre dans son versant positif, j'ai rencontré dans le rugby des dirigeants, des techniciens et des joueurs avec qui je partage des valeurs et des convictions, à mes yeux essentielles.

Le premier nom qui me vient en tête, c'est Michel Peuchlestrade. Quand j'étais gamin, il était déjà la figure marquante du club d'Aurillac, entraîneur de l'équipe première. Mon père, employé municipal, travaillait au stade Jean-Alric. Mes frères et moi y étions tout le temps, car nous habitions à cinquante mètres. Il y avait une belle équipe et de bons joueurs à Aurillac, et Peuchlestrade, avec sa gouaille, ne prenait pas de gants pour leur parler. Souvent, en attendant mon père qui rangeait des équipements, j'ai été témoin de leurs discussions. Tous deux partaient fréquemment dans des explications sur le jeu que je trouvais très intéressantes. Après, pour avoir recroisé Michel quand j'étais en âge de comprendre et pour avoir, moi aussi, formalisé mes idées sur le jeu, j'ai pu constater l'excellent technicien et même le précurseur qu'il a été.

J'ai eu plus de proximité avec Victor Boffelli, quand je suis revenu définitivement au rugby après avoir pratiqué le ski de compétition en sport-études à Murat puis à Saint-Gervais. Je n'ai pas vraiment commencé à 17 ans, j'ai recommencé avec les juniors d'Aurillac dont Victor était l'entraîneur. J'avais déjà beaucoup d'admiration pour lui qui avait été international, flanker lui aussi, quand j'étais petit. Mais c'est par sa passion et sa bienveillance qu'il a été décisif dans mon lien au rugby. Rigoureux, plein d'ambition, ça ne l'empêchait pas de nous faire vivre des moments incroyables, de faire une fête de tous nos déplacements.

Il faut l'aimer, le rugby, quand on y joue dans le Cantal sur des terrains gelés avec des crampons d'un autre âge. Et quand venait le redoux, nous étions trempés, pleins de boue. Ces conditions façonnent les hommes et le jeu qu'ils pratiquent. C'était un rugby limité où il m'arrivait aussi souvent de me battre sur le terrain que d'y faire quelque différence, les rares fois où je touchais le ballon, grâce à ma qualité athlétique. C'est sans doute grâce à elle que j'ai débuté en équipe première, mais je n'étais pas encore un joueur performant.

À 17 ans, je courais partout, jamais au bon endroit. Je faisais quatre allers-retours sur le terrain pendant que les copains en faisaient deux en touchant plus de ballons et en étant plus efficaces. Donc, il m'a fallu comprendre pourquoi je n'étais pas bien placé. À partir du moment où j'ai pu appréhender le terrain de rugby comme la surface d'un jeu, analyser ce qui allait se passer et aller me placer au bon endroit, les choses sont devenues plus simples. Sans Pierre Perez, je n'aurais pas eu cette réflexion. Il était mon éducateur, dans la semaine, au sport-études d'Ussel, et il m'a aidé à affiner très tôt ma vision du jeu.

Une fois que j'ai compris, ça m'a pris du temps pour expérimenter mes idées, à force de jouer. Je noircissais des feuilles de papier, avec des croix pour une équipe et des ronds pour l'autre… Quand tu formalises ainsi, tout est plus clair. Après, je suis arrivé à être dix fois plus efficace et à prendre du plaisir, évidemment. À 19 ans, je suis parti pour Dax où j'ai été champion de France Reichel, avec deux copains qui allaient devenir mes beaux-frères : Richard Dourthe et Raphaël Ibanez. Fabien Pelous est arrivé l'année suivante dans ce club. Avec ces trois-là, quelques années plus tard, nous sommes allés en finale de la Coupe du monde 1999, après un match dantesque face aux All Blacks.

Mais, de cette période, la rencontre rugbystique qui m'a le plus influencé est celle de Pierre Villepreux, l'entraîneur de l'équipe de France avec Jean-Claude Skrela. J'ai retrouvé avec lui la même approche que celle à laquelle Pierre Perez m'avait initié. Mais là, il s'agissait d'éprouver ces méthodes au plus haut niveau, face aux meilleures oppositions du monde. Au-delà de ses analyses, de sa capacité à trouver les points faibles de l'adversaire, j'ai surtout été impressionné par la force de ses convictions qu'il n'a jamais reniées, même dans les moments les plus difficiles. J'ai trouvé très injustes les critiques lui reprochant d'être un adepte du seul jeu d'attaque. Il n'a jamais prétendu qu'il ne fallait pas défendre. Bien au contraire, il misait sur les fondamentaux du jeu pour pouvoir mettre en place son rugby de mouvement.

Le joueur a besoin de ressentir la confiance de son entraîneur, mais c'est encore mieux lorsqu'il adhère totalement aux principes de jeu qu'on lui demande de mettre en œuvre. J'ai eu d'autres entraîneurs avec lesquels j'étais en pleine contradiction. Je me suis interrogé : « Est-ce que je lui dis, au risque qu'il ne me fasse plus jouer ? Ou est-ce que je me tais ? En tant que joueur international, leader dans le vestiaire, est-ce qu'il ne me verrait pas comme une menace ? » J'ai donc préféré respecter la fonction d'entraîneur et la nécessaire autorité qui doit aller de pair. Ce n'était pas à moi de décider de la tactique à sa place. Enfin, jusqu'à ce qu'on soit sur le terrain…

Comme le dit Dimitri Yachvili, dans les pages qui suivent, nous avons eu la chance, ou la volonté, de jouer avec le désir d'être des acteurs sur le terrain. Notre culture et notre formation nous donnaient les clefs pour nous adapter aux situations et sortir du système programmé quand celui-ci était mis en échec. C'est ce que j'ai toujours demandé à mes joueurs quand, à mon tour, je suis devenu entraîneur, plus tôt que prévu. C'est arrivé à Brive, où j'étais revenu à l'été 2007 ; une blessure au pied m'a empêché de jouer les premiers matches. J'avais 34 ans et pris du retard physiquement : je n'ai jamais eu le gabarit pour aller péter dans les mecs, mais si je n'avais plus la vitesse pour prendre les intervalles que je voyais, à quoi allais-je servir ?

J'ai donc accepté la proposition du manager, Laurent Seigne, qui m'a laissé carte blanche pour mes débuts. J'ai entraîné avec le regretté Jean-Marie Soubira. Ça s'est plutôt bien passé, avec une qualification européenne ratée de peu. Le plus important pour moi, c'est que je sentais que les joueurs avaient adhéré au projet que je leur avais présenté. J'avais tenté d'appliquer certaines idées mûries pendant ma carrière de joueur et de m'inspirer du fonctionnement que j'avais connu aux London Irish.

D'un côté, un jeu qui redonne aux joueurs du plaisir et le goût de la victoire, de l'autre, une méthode qui les place dans les meilleures conditions pour se préparer : des vidéos courtes et précises, des groupes de joueurs leaders à des endroits très précis, le turnover de manière à impliquer tout le monde, la sensibilisation de l'environnement au projet du club… Ma grande satisfaction a été l'engagement total des joueurs qui commençaient à se responsabiliser. Je pars du principe que c'est difficile d'imposer les choses et qu'il vaut mieux s'adresser à un groupe qui a repris le projet à son compte.

Malheureusement, en fin de saison, Laurent Seigne m'a averti qu'il voulait reprendre la main sur le sportif, et je n'ai pas voulu rester pour appliquer un discours contraire à mes convictions. L'histoire m'a vite donné tort puisque Seigne a été écarté trois mois plus tard et Ugo Mola est arrivé comme entraîneur. C'est peut-être idéaliste mais j'ai préféré rester fidèle à mes idées. On m'assure que, comme ça, je ne peux pas faire carrière. Mais je ne suis pas carriériste.

Donc, après Brive, j'ai rejoint la Fédération et passé mon DES. Pendant que je préparais mes diplômes, Pierre Camou m'a demandé de m'occuper de l'équipe de France amateurs et, dans le même temps, World Rugby m'a envoyé dans des pays émergents former des éducateurs. En France, aussi, je suis chargé de valider les formations de joueurs, professionnels ou non, désirant entraîner. Je suis habilité à former ces gens pour leur montrer tout le cheminement qui amène à la préparation d'une séance d'entraînement. Je suis allé en Côte d'Ivoire, au Cameroun, en Ukraine, en Roumanie… C'est intéressant parce que, relativement jeune, je me suis placé en position de former des entraîneurs. D'autant qu'en formant, on se forme sur sa capacité à transmettre et, donc, à entraîner.

Dans ces voyages, j'ai réalisé qu'on peut apprendre de n'importe qui, là où on s'y attend le moins. Je me suis retrouvé au fin fond du Cameroun avec des entraîneurs à l'éducation rugbystique aléatoire mais qui, sur une idée ou deux, m'ont permis de prolonger ma réflexion sur le jeu. Pour ça, il faut bien sûr rester curieux et prêt à apprendre des autres.

Voilà pourquoi je me suis laissé séduire par Kostas Tsampaos qui venait de créer la fédération grecque de rugby. Il m'a demandé de l'aider à monter une équipe nationale. Je me suis retrouvé dans un champ, en banlieue d'Athènes, avec une cinquantaine de joueurs. Je m'occupais des avants, puis des trois-quarts. J'étais tout seul. Pour moi c'est ça, le rugby : être capable d'entraîner au plus haut niveau comme d'aller délivrer tes connaissances à des équipes comme celle-là. J'y suis resté trois mois et on a joué trois matches contre la Finlande, Israël et je ne sais plus quel pays. Mais je n'oublierai jamais ces moments chaleureux et gratifiants. Et je me souviendrai toujours du lancer en touche du talonneur Mike Pelekanos. D'origine grecque, il était né et avait grandi aux États-Unis où il avait joué au baseball toute son enfance. Il fallait le voir prendre la balle à une main, monter le genou opposé tout en faisant tourner son haut du corps : le résultat était stupéfiant, en précision comme en longueur.

La morale de tout cela, c'est qu'il ne faut pas se mettre des œillères, et surtout pas sur un terrain de rugby. En m'adressant aux membres de l'équipe de France des moins de 20 ans, que j'ai entraînés ensuite pendant trois ans, j'ai toujours tenté de leur inculquer les principes généraux, en attaque comme en défense, de la circulation du ballon et des joueurs. Je n'ai jamais cessé de solliciter leur avis et leur analyse. Je ne dis pas que je suis le garant de toutes les vertus, mais je sais que j'aime profondément ce jeu et qu'aucun gamin dont je me suis occupé ne pourra dire que je n'ai pas essayé de lui transmettre des valeurs propres à ce jeu. Parce que je reste un enfant qui est né et qui a été éduqué dans le rugby.

Je me sens toujours guidé par l'enseignement de mes deux mentors, Pierre Perez et Pierre Villepreux. Voilà pourquoi j'ai tenu à ce que leurs voix se joignent à la mienne dans ce livre qui, je l'espère, sera aussi le leur. La présence, à leurs côtés, de Dimitri Yachvili est pour moi tout aussi importante. Je l'ai connu tout jeune, lors de mon premier séjour à Brive, où Philippe Carbonneau l'avait pris sous son aile. Je n'ai donc pas été surpris par sa carrière ni par les positions qu'il continue de prendre, en toute liberté, en commentant les matches ou en s'exprimant dans les journaux. Dimitri incarne, à mes yeux, la génération de ces jeunes anciens internationaux qui manifestent le désir de s'engager pour redresser le rugby français.

Chapitre 11
(entretien avec Pierre Perez)

« Pas de grand joueur sans grand éducateur »

Pierre Perez a été mon éducateur quand j'ai intégré, à 17 ans, le lycée sport-études d'Ussel, en Corrèze. Enseignant et formidable pédagogue, il dirige depuis maintenant vingt-six ans le pôle Espoirs installé au lycée Cassin de Bayonne. On ne compte plus les internationaux ou joueurs devenus professionnels qui, comme moi, ont bénéficié de son enseignement dans les années décisives de leur formation.

Pierre Perez : Je te considère un peu comme mon fils, même si mon vrai fils joue au handball, un sport dans lequel tu aurais pu briller aussi. Tu n'avais pas forcément besoin de moi pour réussir mais on a poli la pierre au moment où il fallait la dégrossir. Le vrai problème aujourd'hui c'est que les gens qui parlent de la formation, ou qui la critiquent en mettant en doute sa qualité, n'ont jamais formé. Ils ne savent pas quels sont les passages obligés d'un joueur, les errements qu'on peut avoir, les surprises, les échecs… Quand je t'ai eu à Ussel, je ne savais pas que tu aurais 89 sélections. Quand je suis arrivé ici, à Bayonne, et que j'ai vu Serge Betsen, je ne savais pas qu'il en aurait 63. Mais je sais qu'il y a d'autres gosses pour lesquels on pouvait espérer beaucoup plus. Je pense notamment à Lionel Beauxis.

On peut avoir des politiques de formation différentes. Mais ce qui me pose le plus de problème aujourd'hui, c'est d'entendre des gens affirmer que la formation ne va pas alors qu'ils n'ont pas les outils pour établir le diagnostic. Je ne suis pas médecin : si quelqu'un a une angine, ce n'est pas la peine que je lui dise qu'il a mal à la gorge. Certainement que la formation est une des raisons – mais pas la seule – qui peuvent expliquer le retard pris aujourd'hui par le rugby français.

On a pu se tromper dans la formation dans la mesure où on a toujours été en réaction au jeu qui se pratique, sans anticipation. Ce qui est fondamental, c'est d'apprendre comment fonctionne le jeu. Olivier, tu avais des qualités au départ mais, avec ce qu'on t'a appris à Ussel, c'est-à-dire une connaissance théorique du jeu, tu as réalisé une grande carrière.

On ne voit plus aujourd'hui de troisième ligne qui, comme tu l'avais, a ce pouvoir créatif de servir le jeu tout en y prenant énormément de plaisir. J'en vois qui ont des qualités proches des tiennes, mais ils ne font pas de passes. Ils ne jouent pas au rugby, ce sont des boules qui démontent des quilles. Quel dommage ! S'ils ne font pas ces passes, c'est parce qu'on leur a donné, dans leur formation, une représentation du jeu violente qui n'est pas celle que nous avons partagée.

Cette lacune, reportée sur beaucoup de joueurs, fait que la qualité de l'équipe au plan stratégique s'en ressentira. Ces jeunes n'ont pas l'outil qui leur permet d'analyser les situations. Avec toi, au-delà de la connivence humaine, nous partageons la connivence sur le jeu. Un bon joueur est avant tout celui qui fait bien jouer les autres. Cette problématique a été oubliée ; elle a même été critiquée. C'était la guerre Laporte-Villepreux ou autres. En tout cas, le bilan de ce qui se fait aujourd'hui, c'est qu'on a pris des athlètes pour jouer au rugby mais qu'on n'en a pas fait des joueurs de rugby.

Tu es peut-être le plus grand athlète que j'ai vu passer. Tu aurais pu briller dans tous les sports mais si tu es devenu joueur de rugby, c'est parce que tu as compris le jeu. Il y en a eu d'autres qui le comprenaient aussi bien que toi mais qui n'avaient pas tes outils physiques. Ce n'est pas le titre mondial des moins de 20 ans qui va me faire changer d'avis. On connaît ces jeunes, ils sortent de nos cycles de formation et ils ont une représentation mentale du jeu qui est limitante.

Cette représentation doit être donnée par des éducateurs. La représentation que j'avais du rugby quand j'étais gamin, c'était à travers la télévision ; des images qui marquent parce qu'elles sont spectaculaires ou qu'elles créent de l'émotion. Elles m'ont donné envie de jouer. Cette représentation est aussi transmise par les éducateurs qui n'ont peut-être pas tous les outils pour former comme il se doit. N'est-ce pas le point de départ ? Si je reprends mon parcours, à 17 ans, je regardais les matches du Tournoi mais, à aucun moment, je n'aurais été capable par moi-même de me représenter le rugby de manière théorique pour l'appréhender et me l'approprier. Il a quand même fallu que je passe par un éducateur. Il ne peut pas y avoir de grands joueurs sans grand formateur. S'il n'y a pas cette rencontre, ça ne peut pas marcher...

P. P. : Le grand entraîneur optimise le potentiel de son athlète. L'image la plus banale est celle du diamant : quand il est dans la gangue, sous terre, on ne le voit pas ; il faut aller le chercher et, après, il faut le travailler. Si on le casse en mille morceaux, il n'aura plus de valeur.

Parce que toi, Pierre, tu sais très précisément quel rugby tu veux enseigner à tes élèves…

P. P. : Je n'ai pas une idée de rugby. En tout cas, pas mon idée de rugby. Je pars du principe que si vous pouvez tout faire, vous pourrez faire moins. Dans le rugby, je veux que vous preniez du plaisir, que vous grandissiez avec les vertus de ce jeu. Qu'il y ait du plaisir et du partage. Le rugby n'est qu'un prétexte, ce n'est pas une fin en soi. Même si toi, Olivier, quand tu étais un compétiteur, tu en as fait une fin en soi. Tu voulais gagner, mais avec ce qu'on t'a appris ; c'est-à-dire faire jouer l'autre plutôt que d'aller percuter l'adversaire parce que c'est plus facile. Faire une passe, ce n'est pas un risque ; c'est même l'essence du jeu, sa respiration. Aujourd'hui, on valorise les passes à la télé. Qu'est-ce que ça veut dire la « passe en plus » ? Elle n'existe pas ! C'est la passe, s'il y a la possibilité de faire avancer le ballon en le passant à un partenaire. Mais si celui-là ne peut pas avancer non plus, je conserve. On donne un sens à cette « passe en plus » qui n'existe pas. Cette passe, comme toutes les autres, on doit ou on ne doit pas la faire.

Si tu es face à un mur et que ton partenaire a devant lui un espace libre, tu dois lui faire cette passe pour faire avancer l'équipe. On est dans le partage, dans une certaine idée du jeu. D'autres éducateurs ne vont peut-être pas demander de faire la passe à ce moment-là, parce qu'ils n'ont pas la même représentation du jeu.

P. P. : À Ussel, j'ai rêvé d'avoir des joueurs capables de tout faire. Le premier qui arrive pour une mêlée se met à gauche, le deuxième au milieu, le troisième à droite et ainsi de suite... Bien sûr, ça n'était pas possible, au vu de certaines spécificités des postes. Mais au niveau de la perception cognitive, ce que font aujourd'hui les Blacks avec des deuxième-ligne qui font des cadrages-débordements ou des passes chistera, c'est le jeu dont j'avais rêvé avec mes gamins. Voilà vers quoi je voulais aller.

Quand j'ai pris ce poste, je suis allé voir Pierre Villepreux, Mitou Fourcade et Jean-Michel Aguirre. La satisfaction que j'ai eue, c'est qu'ils m'ont demandé mes entraînements. Ça fait plaisir. J'étais caché avec eux à Ussel et personne ne venait nous casser les pieds. Cela a été très valorisant et cela a rebondi sur toi et tes copains de l'époque.

Tous mes piliers ont toujours éjecté les ballons, parce que je considère que, dans la construction du joueur de rugby – et celle d'un individu –, il faut savoir s'adapter aux situations. Si vous parlez de formation, il faut parler des contenus des formations. On dit que le Top 14 ne prépare pas au niveau international, mais quelles solutions apporter ? Oui, la formation peut en être une, mais, je me répète, que ceux qui en parlent aient formé au préalable.

Oui, il faut avoir formé. Quand tu étais à Ussel, dans ton coin, tu savais être dans le vrai avec le soutien de ces grands entraîneurs. Mais on était dans un autre rugby, on avait un autre potentiel pour fournir de bons joueurs à l'équipe de France. Si, aujourd'hui, on fait la même chose, ne va-t-on pas trouver des clubs, des entraîneurs et des formateurs qui n'auront pas du tout la même représentation du rugby ? Tout le monde pensera avoir sa vérité. Nous avons identifié le jeu qui gagne. À Ussel, tu nous disais : « Les avants, vous passez derrière et les arrières, vous passez devant. » C'était pour démythifier les postes et nous faire prendre conscience qu'une fois le jeu parti, il n'y a plus de numéro dans le dos. On est simplement joueur de rugby et on ne s'extasie pas devant un avant qui fait une passe croisée. Il va bien falloir à un certain moment, comme ça s'est fait en Nouvelle-Zélande, dans un contexte certes différent, faire quelque chose d'uniforme. Avec une formation pour nos éducateurs et pour nos jeunes, avec une

représentation du rugby qui amène au très haut niveau. On ne peut pas continuer à dire aux gamins qu'il suffit de rentrer dans la gueule pour gagner parce que, à très haut niveau, on sait que ça ne marche plus.
Pourquoi trouve-t-on des joueurs qui ne prennent pas de plaisir ? La première des choses, c'est quand même d'être heureux dans ce que tu fais. Évidemment qu'il y aura toujours des matches où c'est compliqué. Mais, dans 80 % du temps, cela doit être du plaisir à la sortie d'un match. Même s'il n'y a pas la victoire, tu dois être satisfait de ce que tu as produit ou tenté de produire, d'avoir joué un jeu qui te corresponde. Il faudrait imposer un projet global de formation des éducateurs et des jeunes…

P. P. : Je te coupe. Les chapelles ne me gênaient pas. Que Bourgoin s'entraîne comme ça, qu'à Tarbes, chez moi, on tamponne, qu'à Toulouse on se fasse des passes… En revanche, l'éthique de formation, ça, c'est à mettre en place partout. Le petit de Bourgoin ou de Toulouse, on voudrait qu'il soit capable de tout faire. On parle de la passe mais on peut aussi parler du plaquage. Je t'ai eu comme troisième ligne aile, mais j'ai eu aussi, ici à Bayonne, Serge Betsen et ça ne m'a pas posé problème. L'utilisation du ballon ou la défense, c'est la même démarche. Les différentes formes de pratique de la compétition ne me gênent pas car on est là sur la stratégie.

L'essentiel est de définir une politique de formation. Quel joueur veut-on former, pour quel jeu ? La réponse sera évidemment celui des Blacks parce que c'est celui qui, aujourd'hui, correspond le mieux à l'image que nous avons du rugby. Pas grave si, demain, il faut fermer le jeu parce qu'il pleut ou parce qu'il faut gagner la finale de la Coupe du monde. Le rugby, ce n'est pas uniquement se faire des passes… Moi, j'étais plutôt meilleur défenseur qu'attaquant mais je ne peux être un bon défenseur que si j'ai compris comment fonctionne la défense. Serge Betsen a été un très bon plaqueur parce qu'il savait être au bon moment au bon endroit pour plaquer. Tout se passait avant. Idem pour toi, quand tu franchissais.

J'ai une autre image qui me vient avec Julien Dumora (Castres Olympique) qui est passé ici, lui aussi. C'est une situation de deux contre un avec David Smith. On appelle ça les « temps de départ » : avant de rentrer dans l'intervalle, tu attends que le passeur te donne la balle. Ce n'est pas le passeur qui se met au service du receveur, mais l'inverse. Mais là, en match, j'ai vu Smith prendre l'intervalle avant d'avoir le ballon et après, on a dit que la passe de Dumora était mauvaise…

On est au cœur de ce que doit être la formation. Cette idée qu'on doit être au soutien du porteur et répondre à ses actions, ce n'est pas un discours que j'entends chez tous les éducateurs...

P. P. : C'est le porteur qui décide, le receveur n'est que la valeur ajoutée. Il attend qu'on le serve et s'il veut être servi avant que l'autre ne puisse le faire, il se met en avant et s'élimine de la décision. Il faut très vite apprendre cette dimension aux jeunes joueurs. Il y a des gosses qui ont du timing et je ne vais surtout pas leur dire qu'ils jouent mal. J'essaie de leur demander quel est leur repère pour déclencher leur course. Il n'y a pas pire sur un terrain qu'un joueur sans repères ; il vaut mieux avoir des repères faux, parce qu'on peut travailler dessus.

Si nous parlons de formation, il va bien falloir un tronc commun à tous les éducateurs. Si j'étais à la place du président de la Fédération, c'est la première chose à laquelle je m'attellerais parce que je sais qu'il y aura une inertie énorme. Et qu'on en a pour dix ans pour reformer nos éducateurs. À travers ces idées sur le jeu, plutôt que de faire la passe vers un partenaire décalé, ce qu'on observe maintenant, c'est qu'on va défier. Il faut un tronc commun.

P. P. : Est éducateur celui qui veut bien l'être. Cela fait vingt-six ans que je suis au Pays basque.

Aujourd'hui, le vivier se tarit à cause de l'hyperviolence que les médias relayent trop volontiers. Si la base de la pyramide se rétrécit, la pointe du haut se fragilise. Je crois qu'il y a 30 % de licenciés en moins chez les jeunes. C'est le constat suite à ces malheureux accidents. Le premier combat du président de la Fédération, c'est de redonner aux enfants l'envie de jouer au rugby, et à leurs mères aussi. Il faut donc que la vitrine, qui peut être l'équipe de France ou le Top 14, redonne l'envie d'aller s'ébrouer, s'éprouver et s'amuser sur un terrain de rugby sans se mettre en danger.

Demain, si on réapprend à plaquer, on aura aussi moins d'accidents. Je me souviens d'avoir dû plaquer Gérard Cholley. Je ne m'étais pas mis en tête d'aller le renverser, même si je sais qu'une petite bille avec beaucoup de vitesse peut en déplacer une grosse. Je me mettais de côté et me servais de sa vitesse. Aujourd'hui la représentation du plaquage, c'est de mettre sur le cul l'adversaire. Ça fait des commotions et des problèmes cervicaux. C'est véhiculé par les images et les médias. La représentation populaire de Chabal, quand il a cassé la mâchoire d'Ali Williams (deuxième ligne All Black), cela a été terrible pour moi. Le rugby, ça n'est pas casser la mâchoire d'un adversaire. La responsabilité des médias est évidente car ils ont valorisé ce geste. On parle de sécurité dans un plan de formation ; il faut que tous nos gosses passent par des séances de prophylaxie. Voire de lutte. La meilleure école de rugby chez les jeunes est multisport. Il faut être lutteur, sprinter et endurant, parfois boxeur, souvent gymnaste, pour savoir tomber. Malheureusement, dans nos séances de rugby, on ne fait que du rugby chez les petits. L'idéal, mais c'est compliqué, serait d'avoir un spécialiste de chaque discipline. La sécurité est inhérente à tous les sports. Il n'y a pas de rupture des ligaments croisés chez les handballeurs parce que, par la règle, ils sont obligés de travailler les appuis. Nous, nous ne travaillons pas le bas du corps.

Parler de la chute des licenciés en France, c'est aussi constater que les autres sports nous font de la concurrence. Je suis le premier concerné puisque mon gamin va aussi au basket. Il faut avouer que leur truc est bien foutu ; les gosses s'amusent, prennent du plaisir. Leur postulat, c'est : ils s'amusent, donc ils reviennent. Si on veut stopper la baisse des licenciés, il faut augmenter la qualité de notre accueil. Ça prendra du temps, mais cette qualité doit être optimisée à tous les niveaux pour les mettre dans des conditions de sécurité, leur faire toucher du ballon, afin de leur permettre de retrouver l'activité telle qu'on l'a connue quand on était gamins. Il faut arrêter la « championnite », les pousser à gagner quelle que soit la manière. Arrêter de les entraîner comme une armada du Top 14 avec des boucliers de protection. Faire des rucks, ce n'est pas ce qu'il y a de plus compliqué. À cet âge-là, ils peuvent développer d'autres qualités qui leur seront plus utiles dans le futur. Pour contrer ça, la DTN veut instaurer le jeu à « toucher deux secondes », mais ça dénature complètement le jeu.

P. P. : Le passage en force, ça sort d'ici. On l'a inventé pour tuer la représentation de l'affrontement. On a déjà évoqué le handball où la règle fait que, si on rentre dans la gueule d'un adversaire, on perd le ballon. Aujourd'hui, l'image dominante du rugby qu'on a donnée aux enfants, c'est que, plutôt que de passer à côté, on essaye de passer dessus.

Au sujet des commotions, cette histoire du passage en force jusqu'à 14 ans pour protéger les jeunes joueurs, qu'en penses-tu ?

P. P. : Ça peut être un bon moyen pédagogique. Si tu vas péter, je te sors… Idem pour le plaquage. Bien plaquer, c'est faire tomber l'adversaire et se relever le premier pour prendre le ballon. Bien jouer au rugby, quand on a le ballon, c'est ne pas arrêter son mouvement. S'il peut continuer à vivre avant le contact, je fais la passe. Si c'est dans le contact ou après le contact, c'est pareil. Ne disons pas que le off load (la passe après contact), c'est la panacée parce que tous les gamins vont vouloir en faire.

Le off load correspond à une situation particulière qui s'impose au joueur. Mais ça n'est en aucun cas une obligation et, si tu peux faire la passe avant le contact, pourquoi la faire après ?

P. P. : J'ai une formule : « La passe à coup sûr et pas la passe à tout prix. » C'est parce qu'il y a des joueurs libres que le ballon peut circuler. S'il n'y en a pas, je ne peux pas faire de passe. Je veux bien que le off load soit mis en valeur, mais pas plus que la passe sur un pas ou la passe dans le dos. Il ne faut pas le dénaturer. À deux contre un, il ne sert à rien. À deux contre deux, oui : je vais au contact pour resserrer les deux défenseurs et je lâche au contact. Si je ne reconnais pas la situation, au sens cognitif du terme, mon off load n'a pas de sens.

Il faut toujours suivre la logique du jeu, qui est d'avancer. Si je ne peux pas avancer, je fais avancer un partenaire et, si ni l'un ni l'autre n'est possible, je conserve. Le partenaire attend avant de converger que le porteur l'ait décidé, sous peine de s'éliminer tout seul. On peut même parler des démarquages en touche : dans les apprentissages, tout doit avoir du sens. La formation ce n'est pas former des machines à jouer au rugby sans libre arbitre, sans initiative, sans liberté. Ce qui fait les grandes équipes, ce sont des joueurs capables de tout faire à n'importe quel moment avec une liberté d'esprit terrible.

Quand je parle avec toi, je sais que chacun de tes mots a du sens. Tu fais une grande différence entre exercice et situation. L'exercice est répétitif et ne demande pas grande réflexion pour l'exécuter. Par exemple, on apprend la passe, on développe sa technique corporelle. Mais après, il faudra remettre cet exercice en situation pour éprouver cette technique. À la différence de l'exercice, la situation n'est pas toujours identique à la précédente. Il y aura toujours en face un joueur plus grand, plus ou moins rapide que dans une situation qui paraît pourtant être la même. La technique à éprouver dans cette situation demandera une analyse pour y répondre le mieux possible. Souvent les éducateurs décontextualisent la raison même de faire une passe. Je reviens sur le off load, si tu le sors de son contexte, les mecs vont en faire à tout va et ça ne sera pas toujours utile ni efficace. Idem quand un éducateur reprend mot pour mot avec ses gamins une déclaration d'un entraîneur du Top 14 qu'il a lue dans Midi olympique *en la sortant complètement de son contexte.*

P. P. : Joseph et Bamba (champions du monde des moins de 20 ans), on voit qu'ils affectionnent particulièrement ce off load. Mais, si demain je joue contre eux, je défends sur leurs bras. L'important, c'est qu'ils sachent tout faire.

Je reprends ma petite expérience avec les moins de 20 ans. J'arrive, je m'attends à une représentation du jeu chez ces jeunes. Quand j'étais à leur place, j'avais des partenaires comme Pelous, Ibanez, Lousteau, bref des joueurs qui savaient jouer au rugby et avaient déjà tous les outils pour réussir au haut niveau. Et là, je m'aperçois que le discours sur le jeu que je m'étais approprié est, pour la plupart de ces jeunes, complètement inconnu. On va parler de mouvement général, de situations gagnées sur des lancements de jeu. Parce qu'ils ont quand même de la qualité, ils arrivent à bien exécuter les lancements, même s'il faut parfois travailler les temps de départ et les angles de courses. Mais ces mêmes joueurs, dans le désordre, n'arrivent plus du tout à analyser la situation. Là, je me demande comment je vais faire, parce que le jeu, ça n'est pas uniquement des lancements et des séquences à trois temps de jeu. Il se trouve que, parfois, tu as plus de temps de jeu, tu récupères un ballon perdu par l'adversaire ; il faut alors savoir se retrouver et que tous les joueurs parlent le même langage. Ça n'était pas le cas. Donc j'ai passé mon temps, avec les moins de 20 ans, à faire uniquement de la circulation offensive et défensive. Pour les aider à comprendre ce qu'ils faisaient, à acquérir du sens. C'est ça qui m'a interpellé : qu'est-ce qu'on a appris à ces jeunes ? C'est pour ça que je reviens à la formation, même si je n'en ai pas éprouvé toutes les étapes, comme toi, Pierre. Je me suis dit que dans un pays de rugby comme la France, avec une fédération aussi puissante, il fallait absolument asseoir un tronc commun de formation pour l'ensemble de nos éducateurs et de nos entraîneurs, qui permette de retrouver un jeu compétitif.

P. P. : Il faut pour cela une grande communication entre les gens du rugby qui ont tendance à se cloisonner dans leur club ou dans leur chapelle. J'ai beaucoup d'admiration pour les Irlandais ou pour les Gallois, même si ce sont de plus petits pays, parce qu'ils partagent tous leurs contenus de formation ou d'entraînement.

Comment fait-on pour rassembler ce rugby français ? Il faut des décisions politiques qui, derrière, vont permettre au sportif de s'engager dans une direction. En est-on capable ? Et comment le faire ?

P. P. : Il faut que les dirigeants se rencontrent. On rentre dans la politique. On a un DTN mis en place par un président qui est battu à l'élection suivante. Et ce DTN s'approprie le projet de la nouvelle direction en recommandant des choses à l'opposé de ce qu'il disait avant. Voilà un exemple qui met en péril la confiance qu'on peut avoir les uns envers les autres.

Il faudrait aussi avoir un regard sur les gens qui sont à la tête de la DTN. Même sur ceux qui sont à celle des pôles Espoirs. Je me suis moi-même posé la question de partir. Je suis finalement resté parce que je suis un dinosaure et parce que je veux défendre certaines choses qui sont aujourd'hui remises en question. J'ai l'impression de ne pas avoir avancé. On dit maintenant qu'il faut jouer à toucher, faire ça, ne plus faire ci... Le responsable de la préparation physique à la Fédération est passé dans tous les pôles pour nous dire : « Maintenant, priorité au rugby. On a trop bodybuildé les joueurs et ce qu'on a gagné en force, on l'a perdu en vivacité. »

Les mêmes personnes nous ont expliqué, pendant des années, qu' « un centre fait douze rucks par match et donc il faut que tous les centres travaillent les rucks ». Je prends l'exemple de Bastareaud. Il est passé d'un gosse qui faisait plutôt des passes à un mec qui n'en faisait plus et qui recommence à en faire. L'individu ne me pose pas de problème. Il me plaît même, capable de pleurer quand il perd. Il est sensible mais on lui a demandé de rentrer dans la gueule des mecs. J'en ai parlé avec ses éducateurs. Tout jeune, il faisait non seulement des passes mais il leur donnait du sens.

Que penses-tu de la réforme des pôles Espoirs, remplacés par des académies ?

Perez : Monsieur Rougé-Thomas est venu nous dire : « Quand j'entraînais les Crabos à Toulouse, je ne pouvais avoir mes joueurs, qui étaient au pôle et, quand ils venaient aux entraînements, ils n'écoutaient pas, ils étaient orgueilleux. Donc j'ai décidé, en accord avec d'autres clubs, comme Montpellier et Montferrand, que les jeunes iront dans leurs clubs le mercredi. » Ils ont aussi changé de nom, « académie » au lieu de « pôle », pour bien montrer qu'on a changé. Je n'ai eu besoin de personne pour amener de temps en temps mes jeunes dans leurs clubs les mercredis, sans que ça donne grand-chose. Désormais, les clubs vont s'approprier tous les plans de circulation offensifs et défensifs le mercredi après-midi. C'est une totale hérésie. Les clubs vont avoir leur propre académie alors que la richesse du pôle venait du fait qu'on mettait tous les meilleurs ensemble et on les faisait matcher contre les meilleurs des autres pôles.

Aujourd'hui, nos jeunes se retrouvent dans des oppositions entre Crabos de leur seul club et ne sont plus tirés vers le haut. On les a désormais les lundis, mardis et jeudis. Et on nous demande de ne les développer qu'au plan individuel. Toutes les ressources qui ne sont pas tactiques. Mais je suis un révolté et, mardi, Olivier, tu vas venir animer une séance où on fera de la circulation. Car comment appréhender l'espace ? Celui-ci n'a de sens que par les objets qui l'occupent. Un terrain de rugby ne sera pas le même si on y fait du 15 contre 15 ou du 12 contre 12. Parce que les espaces à utiliser seront différents. Si on fait jouer tout le temps des gosses à 8 contre 8, ils ne sauront pas reconnaître les situations du 15 contre 15. Le changement de politique pour l'élite a été de la diluer. C'est aberrant. Tout ça pour un a priori de Monsieur Rougé-Thomas qui n'avait pas ses joueurs. Là, j'ai des champions de France de Pau qui étaient au pôle et, quand il y avait les phases finales, on prenait le bus et on les emmenait le mercredi dans leur club. On pouvait fonctionner. Si on en revient à la DTN, les pôles semblaient être le cœur même de la formation, mais il n'y avait personne destiné à les manager, organiser et coordonner. C'était une des missions d'un entraîneur national parmi beaucoup d'autres. Alors que cela aurait dû occuper une personne à temps plein. Si la formation de mon élite est une priorité, je dois savoir qui en est le responsable. Quand Pierre Villepreux était DTN, notre référent était

Max Godemet. Il le faisait. Après, on a eu Georges Coste, il avait pour seule fonction de coordonner les pôles. C'était génial, il connaissait les joueurs… Il y avait dix pôles. On avait des moyens.

Aujourd'hui, on a une académie à Bayonne mais pas à Biarritz. C'est une grosse connerie. Moi je la nomme « académie Côte basque Landes » parce que j'ai des Bayonnais, des Biarrots, des Montois, des Dacquois et même des Palois qui ont préféré rester. Et ils ont appelé ça Bayonne. Ils n'y ont même pas pensé. Dans l'aberration de leur structure, les Montoises qui sont ici vont, le mercredi, s'entraîner avec les filles de l'AS Bayonne. Les Dacquois, on les amène à Dax. Les Palois ne veulent pas venir chercher leurs joueurs, donc ils restent ici et je les entraîne.

Quelles en sont les conséquences sur le suivi scolaire auquel, je sais, tu tenais beaucoup ?

P. P. : Dans la mesure où ils se privent d'une année à l'académie en cas d'échec au bac, on n'a pas trop de problèmes à ce niveau-là. D'autant que le bac est plus facile à obtenir qu'à ton époque. En revanche, le gros problème, c'est l'après-pôle. Je prends l'exemple du petit (Alexandre) Roumat (Union Bordeaux-Bègles) qui avait tout à fait le profil d'un futur ingénieur. Mais il a dû arrêter ses études. Ça fait ancien combattant mais, à l'époque, on se glorifiait d'avoir des ingénieurs, des dentistes, des maçons et des agriculteurs dans la même équipe ; aujourd'hui, ceux qui joueront au rugby seront joueurs de rugby. Un gosse n'a pas le choix.

Et que penses-tu de la fermeture du pôle France de Marcoussis ?

P. P. : Tel que je l'ai vécu, j'ai eu des joueurs qui s'y retrouvaient, d'autres qui s'y ennuyaient, y perdaient leur temps ou y prenaient des habitudes d'oisiveté. Les responsables sont toujours en place, à Marcoussis. Sébastien Piqueronies, un ancien collègue du pôle Espoirs de Toulouse, monté au pôle France pour manager les moins de 20 ans (champions du monde) a poussé pour cette fermeture. Elle a permis aux joueurs d'être plus présents dans leurs clubs, donc de plus y jouer et, donc, d'être plus performants. Le meilleur entraînement, c'est le Top 14 ou la Pro D2. Je pense que les gens qui étaient là-haut ont scié la branche sur laquelle ils étaient assis. Sans entrer dans le débat du contenu. Ce qui est sûr, c'est que les gosses s'y retrouvent. Les entraîneurs de leurs clubs les voyant plus, ils les font plus jouer. L'entraîneur peut maîtriser le contenu des entraînements et suivre la progression en coordination avec le responsable du centre de formation. Mais la Fédération doit pouvoir s'octroyer la formation de sa jeune élite jusqu'à 18 ans, comme ça se faisait dans les pôles Espoirs, et, après, libérer ces jeunes dans leurs clubs.

Ce n'est pas Marcoussis en soi qui était gênant mais le contenu. C'était oisif. Quand tu montes au centre national du rugby, tu t'attends à rencontrer du très haut niveau.

P. P. : Le meilleur entraîneur de France, je ne dis pas le meilleur éducateur ou formateur, aurait dû être à Marcoussis. Ça n'a pas été le cas, pour différentes raisons. Cela aurait fonctionné si chaque club avait eu confiance dans ce que faisaient leurs meilleurs espoirs à Marcoussis. J'aurais même été favorable à y faire venir des entraîneurs étrangers pour confronter nos jeunes à d'autres méthodes. Il faut savoir que les Anglais ont repris les bases de la formation instituées par Pierre Villepreux : initiative, décision, lecture et compagnie… Alors que nous, avec nos rucks, on est un peu en retard…

De tous les directeurs de pôles, je suis le plus ancien en fonction, pas le plus âgé. J'ai cru comprendre qu'ils avaient hâte que je m'en aille. Parce que je fais ce que je veux. Par exemple, je sais qu'en club, ils font mêlées, touches et rucks, eh bien, moi, ici, je ne fais pas de rucks. Ce n'est pas bien, c'est une faute professionnelle. Mais je n'ai jamais fait de rucks. Si tu arrives le premier au soutien, il n'y a pas de ruck…

Le ruck, c'est l'accident, mais on le travaille comme si c'était quelque chose qui devait arriver obligatoirement. Si ta circulation est bien faite, tu n'auras pas besoin de ruck puisque tu seras le premier à intervenir là où le ballon s'est arrêté. L'idée majeure, en apprenant les gestes spécifiques au ruck, c'est qu'on y vient pour protéger le ballon et se protéger soi-même. Mais quand il est disponible, le premier joueur qui arrive doit s'en saisir pour prolonger le mouvement et non pas venir se coller au ruck, comme on le voit trop souvent. Tu m'as transmis ça. Tu aurais pu être entraîneur de club ou avoir des responsabilités fédérales. Mais tu es un homme de convictions qui n'accepte pas de faire trop de concessions pour obtenir ou garder une place. Tu m'as transmis ça aussi et j'en suis fier. Peut-être que je suis passé à côté de quelques opportunités… À Brive, quand Laurent Seigne a voulu reprendre la main sur l'entraînement de l'équipe, tu m'as conseillé de rester. Mais je ne pouvais pas, au fond de moi et en raison ce que tu m'avais appris. Ce n'était pas possible. Beaucoup de mes décisions sportives ont été prises avec cette ligne de conduite.

P. P. : Quand tu voulais entraîner, après Brive, et que tu étais sans sollicitation, tu avais une colère. Tu disais « Je voudrais rendre ce que le rugby m'a donné. » C'est plus qu'honorable. Quelle chance.

Il faut bien bouffer, et entraîner peut être un métier, mais je ne voyais pas ce poste comme ça.

P. P. : J'ai été le plus jeune entraîneur de France, à 30 ans. J'ai entraîné Brive. Ça me plaisait de poser les plots, de regarder les vidéos et de former. Parce que l'équipe joue de la façon dont elle a appris à jouer. Aujourd'hui, je sais que ça ne serait plus possible parce que plein de facteurs viennent parasiter la relation avec les joueurs. Si on doit parler des contrats avec chacun, on n'a plus de temps pour réfléchir aux contenus des entraînements. Et ça biaise aussi le rapport joueur-entraîneur. Je pense que la qualité d'un club se mesure à l'harmonie et au partage qui règnent dans son staff. Je ne connais pas Laurent Labit et Laurent Travers, mais je sens qu'il y a ça entre eux et que leur entente perdure. Je suis très circonspect quand un entraîneur est remercié et que l'autre reste. Dans le management d'une équipe, il faut partir avec des hommes de confiance et bien se répartir les rôles. Parce que les entraîneurs servent trop de fusibles. C'est un métier à risque professionnel et sentimental. C'est pour ça que je n'ai jamais voulu le faire. Je l'ai fait à Brive et à Ussel, un peu à Bayonne parce que mon ami Patrick Perrier me l'avait demandé. Après, j'ai arrêté. J'aurais pu entraîner Biarritz en même temps, mais j'ai préféré continuer à le faire dans mon lycée. Dans mon bureau, il y a une photo d'un quart de finale du championnat de France Crabos entre Biarritz et Bayonne. C'est mon plus beau souvenir de rugby, entre les deux équipes, j'avais douze joueurs du pôle sur la pelouse…

Dans l'équipe des champions du monde U20, on a remarqué l'émergence de joueurs issus des banlieues des grandes cités ; est-ce le cas dans ton lycée aussi ?

P. P. : Le rugby a démarré avec de jeunes bourgeois mais, dès qu'il a débarqué dans le Sud-Ouest, il a séduit les paysans et les ouvriers. Les joueurs issus des banlieues représentent une classe sociale attirée par la promotion que laisse entrevoir une carrière dans le rugby professionnel. Ici, on ne connaît pas encore ce phénomène. Parce que le rugby était – j'emploie le passé parce que j'ai peur que ça se tarisse – comme la pelote basque, un passage obligé pour tous les jeunes, qu'on n'avait pas besoin d'aller détecter. Ici, localement, nos clubs ne sont pas trop habitués à aller démarcher. Contrairement à ceux des grandes villes et notamment de la banlieue parisienne comme Massy.

Je sais que tu suis le parcours universitaire de tous les jeunes que tu as éduqués. Est-ce que c'est encore possible de mener de front études et rugby pro ?

P. P. : J'ai l'exemple d'Olhagaray, un joueur de l'équipe de France moins de 18 ans, qui a un an d'avance au lycée. Je sais que quand il jouera en première à Bayonne, il arrêtera ses études. Thibault Lassalle voulait être journaliste ; il avait tout pour y arriver, d'autant plus qu'il était dans le milieu avec son père. Il est parti pour Agen et je lui ai dit de foncer au *Petit Bleu*, le journal local. Et il a arrêté, parce qu'il ne pouvait pas. Une autre anecdote avec Romain Buros, international de moins de 20 ans qui jouait à Pau et qui est désormais à Bègles-Bordeaux. À Pau, il loupe une ou deux séances de préparation physique parce qu'il va en cours. Et même s'il les a rattrapées par des séances individuelles, Simon Mannix (le manager) ne lui parle plus et le met à l'écart. Il clashe avec Pau et signe à Bègles. Mais Mannix, au mois de janvier, le fait interdire de toute équipe. Un gosse ne peut pas faire sa séance de musculation avec les autres parce qu'il est en cours et il est viré ! Heureusement, il a eu son examen ! Mais pour un qui est capable de faire ça avec sa famille, combien y ont renoncé ?

Cela va nous appauvrir et nous scléroser, car cela donne aussi des joueurs qui ont des problèmes avec l'autonomie. Pourtant, le but de la formation, c'est que les joueurs s'entraînent seuls. Ici, quand ils arrivent en fin d'année, j'affiche, par exemple, « séance de surnombre » et les gamins vont la faire sur le terrain. Bien sûr, j'y vais aussi pour les observer, avec l'espoir de ne pas devoir intervenir. Souvent, ils font un copier-coller de ce qu'ils avaient fait avec moi. Mais c'est mon Graal quand ils ont intégré ce que je leur répète à longueur d'année : « Comprendre les raisons de ma réussite pour les reproduire ; comprendre les raisons de mes échecs, pour ne pas les reproduire. »

C'est un âge où les gamins peuvent apprendre à s'autodiscipliner et, surtout, à croire en eux. Petit à petit, ils peuvent s'approprier un savoir et, sur le terrain, s'autocorriger en donnant du sens à ce qu'ils font. Amener l'individu à être autodiscipliné, ça doit être la priorité de tout éducateur, pour le rugby comme pour la vie. Ainsi, avec de tels joueurs, l'entraîneur peut mettre en place une stratégie en laquelle ils croient. Bien souvent, hélas, ils répètent des trucs et, quand ça ne marche pas, ils se tournent vers l'entraîneur pour lui demander un jeu plus simple. Alors que, s'ils ont contribué à élaborer une tactique plus ambitieuse, ils s'y accrocheront.

P. P : On n'y arrive pas tout le temps ni avec tout le monde. Ici aussi, on a eu des échecs. Mais c'est très important, et très plaisant pour moi, de voir les troisième-année capables de s'entraîner seuls.

Chapitre 12
[entretien avec Pierre Villepreux]

« Le bon entraîneur, c'est celui dont les joueurs n'ont plus besoin »

Pierre Villepreux a joué 34 fois pour l'équipe de France (de 1967 à 1972) au poste d'arrière où il s'est fait remarquer par deux innovations rugbystiques au niveau international : le coup de pied de l'intérieur du pied et la création du surnombre offensif en s'intercalant dans la ligne de trois-quarts. Devenu entraîneur, ce professeur agrégé d'éducation physique est devenu le premier docteur ès rugby en soutenant une thèse sur le jeu de mouvement. Avec Jean-Claude Skrela, il a formé un duo de techniciens trois fois champion de France avec le Stade Toulousain (1985, 1986, 1989) et, avec l'équipe de France, il m'ont permis de remporter deux Grands Chelems consécutifs dans le Tournoi (1997, 1998) et de disputer une finale de Coupe du monde (1999).

Il y a un revirement total de la Direction technique nationale pour promouvoir le jeu libre auprès des cadres techniques. On va faire du jeu à toucher pour les petits.

Mais on tombe dans l'excès inverse. Le toucher, ce n'est pas du rugby.

Pierre Villepreux : Je l'ai dit à Didier Retière (le DTN). Il a choisi l'option « toucher à deux secondes », un outil pédagogique qui avait été mis en place par le courant « Culture et rugby de mouvement » avec des professeurs d'éducation physique. Il servait à mettre les gamins en confiance avec le contact et à leur apprendre à jouer debout aux cours d'une séance d'entraînement : un affrontement limité qui favorise la passe puisque, après deux secondes, le ballon est rendu à l'équipe adverse. Mais il fallait l'entendre comme un outil pédagogique amenant d'autres comportements. Si tu l'instaures comme seule forme de jeu, tu vas perdre toute l'authenticité du rugby et sa richesse éducative.

Les comportements induits par le jeu à toucher ne permettront pas de retrouver ceux adéquats au rugby...

P. V. : Bien sûr que non ; ça n'est pas possible. Tu vas former des gamins qui vont se retrouver paumés face à la réalité de l'affrontement. Le problème est ailleurs, dans la qualité de l'enseignement dispensé. Comment utiliser les règles pour que les gamins jouent le plus vite possible debout, en respectant les principes fondamentaux : avancer et soutenir ? Comment leur faire comprendre que leur action collective n'aura de cohérence que si le jeu du porteur de balle devient le jeu de tous ? Il faut, pour cela, s'appuyer sur une méthodologie et la maîtriser. Cela n'est, hélas, pas le cas de tous nos formateurs.

Dans la présentation qui est faite de ce rugby, on veut prendre un virage à 180 degrés sur le « tout physique » qui a été prôné pendant des années par la même DTN. Je m'interroge sur les convictions profondes de ces techniciens qui préconisent, du jour au lendemain, des options tellement différentes.

P. V. : Quand j'étais DTN, nous avions élaboré un plan de formation du joueur qui était cohérent et qui reste d'actualité. Mais il y a eu une erreur profonde dans la façon dont on l'a exploité. À l'époque, je ne l'ai pas vu venir, j'aurais dû descendre plus sur les terrains pour me rendre compte que la part de la théorie dans cet enseignement était trop importante par rapport à la pratique. Après, ils ont pensé que le « tout physique » allait être la solution aux problèmes rencontrés.

On ne prend que des gaillards et on les fait jouer au rugby...

P. V. : Nous avions la chance, en tant que rugby français, d'avoir une histoire. Au début de ma carrière internationale, on ne gagnait pas trop mais on avait un jeu qui intéressait les autres et les gênait. Les Anglais montaient tout droit en défense. Il suffisait d'en mettre un de plus dans la ligne de trois-quarts – moi, en l'occurrence, qui jouait arrière – et ça passait... Ils disaient être incompétents pour jouer ce rugby créatif, pratiqué par des extraterrestres. Tu parles ! Le jour où on leur a appris à glisser en défense, il a fallu trouver d'autres innovations. Mais pourquoi avions-nous cet esprit créatif qu'ils appelaient « flair » ? Parce qu'on n'avait pas d'entraîneurs. La stratégie était minime. On avait la touche 1, la touche 2, la touche 3 et après ? Eh bien, on jouait un jeu où l'adaptation était de mise. Les combinaisons étaient rares. Mais l'important était ce qui se passait après ce lancement de jeu. J'ai des images de Claude Spanghero (deuxième ligne) ou de René Bénésis (talonneur) qui se retrouvaient dans la ligne de trois-quarts avec une gestuelle et un sens tactique dont je ne suis pas sûr que les avants français actuels soient dotés.

Je suis souvent allé faire des formations d'entraîneurs dans les îles Britanniques. Je me servais d'une vidéo où on te voit, Olivier. Il y a un déplacement sur un jeu au large et, en bout de ligne, un ruck avec sortie de balle rapide. Deux mètres, pas plus, entre le ruck et la touche, mais sans défenseur. On te voit arriver, ramasser la balle et exploiter ce petit espace pour parcourir 25 mètres, balle en mains. Un maximum de défenseurs sont attirés et cela crée les conditions pour faire rebondir le jeu de l'autre côté, où il y a de l'espace et moins d'adversaires pour gêner la continuité efficace. Un exemple de ta capacité à lire la situation que tu n'aurais pas pu exploiter si tu avais été guidé par un plan trop drastique. On le voit bien aujourd'hui : le jeu évolue un coup à gauche, un coup à droite… toujours ou presque dans la zone centrale sans créer d'incertitude pour la défense. En utilisant les espaces entre la ligne des 15 mètres et la touche, on ouvrirait d'autres possibilités d'action.

Notre histoire a créé des joueurs que je qualifierais d'intelligents et de créatifs. Mais, à un moment, on a cessé de développer la pensée tactique, la compréhension du jeu, et on a produit des joueurs trop formatés.

C'était flagrant quand j'ai rejoint Jean-Claude Skrela à la tête de l'équipe de France : tous les garçons n'étaient pas comme toi, désireux de ce jeu de liberté. Moi, j'ai entraîné comme j'ai toujours pensé qu'il fallait le faire : c'est-à-dire en donnant des responsabilités aux joueurs sur le terrain. Je ne les ai pas embêtés avec la combinaison 24 ou la 25. La seule fois où je suis intervenu, c'est quand on a constaté une mutation venue d'Afrique du Sud. Leurs avants adoptaient un replacement en fonction de leur proximité ou non du ballon. Il a alors fallu recadrer un peu la distribution des joueurs. C'est là qu'on a vu Califano marquer un essai contre l'Angleterre en position d'ailier. Tout le monde se demandait ce qu'il faisait là, mais on s'était organisé ainsi : « Tu es loin du ballon, tu restes où tu es, tu es près du ballon, tu t'en approches, tu es très près du ballon, tu vas le chercher. » J'appelais cette distribution « principe d'utilité ».

Cette évolution est liée à l'histoire du jeu mais ce ne sont pas des entraîneurs qui l'ont découverte : ce sont les joueurs. Et tout le monde s'y est mis. Les avants ne jouent plus totalement comme des avants avec des tâches particulières et idem pour les trois-quarts. C'est la situation instantanée, la fameuse intelligence situationnelle, qui t'amène à aller jouer au bon endroit et te rendre utile. Que le joueur se demande toujours : « En fonction de là où est le ballon, où est-ce que je suis ou serai le plus utile ? Comment je m'organise par rapport à ce qui vient de se passer (parce que le jeu est aussi dans le passé), qu'est-ce qui se passe à l'instant présent et, en anticipation, qu'est-ce que je pense qu'il va se passer ? » Les déplacements d'un bon joueur ne sont pas programmés mais répondent à son analyse du jeu en situation.

Mais cet apprentissage, on l'a abandonné... Dans les entraînements, il n'y a plus d'opposition à 15 contre 15. On se retrouve sur des micro-situations où les joueurs n'ont que la perception d'un espace restreint...

P. V. : Je suis en train de relire le livre d'Edgar Morin sur la pensée complexe. Dans la vie, c'est comme dans le rugby : il faudrait avoir un esprit qui te permette de voir le tout avant de voir les parties. Tu as aujourd'hui des joueurs qui se complaisent dans des petits bouts de jeu et qui sont perdus dans le jeu de mouvement dès que celui-ci prend de l'ampleur. Un 4 contre 4 n'a pas la richesse d'un 15 contre 15, il faut que les joueurs soient confrontés à cette complexité pour qu'ils y acquièrent les repères utiles. Délaisser cette forme de travail est une grave erreur.

Quand je suis arrivé en équipe de France, je voyais bien qu'il y avait des joueurs réticents à ce que tu proposais. Mais moi, ça m'avait parlé. J'y voyais d'abord la possibilité de m'exprimer comme je le voulais, ensuite de me construire encore plus en réfléchissant sur le terrain. Qu'est-ce qui a fait, d'après toi, que d'autres joueurs n'ont pas voulu progresser dans ce sens ?

P. V. : Les joueurs qui s'y sont opposés sont ceux qui n'avaient pas reçu ce type de formation ou ceux qui ne se sentaient pas capables d'y accéder.

J'ai le souvenir que, à chaque fois que tu nous faisais travailler des situations, j'y voyais du sens. C'est en essayant de produire ce jeu-là qu'on allait d'abord prendre du plaisir et ensuite être efficaces. Je pense que beaucoup ont voulu revenir sur le jeu programmé pour se rassurer et parce que c'est plus facile. Ça demande moins de réflexion que de se lancer dans le désordre pour y retrouver un peu d'ordre. Je pense aussi que les entraîneurs ont préféré communiquer ça aux joueurs.

P. V : Dans cette équipe, il y avait des joueurs qui, comme toi, étaient portés par le sens à donner au jeu. Marc (Lièvremont), Philippe Carbonneau, Thomas Castaignède également, pour n'en citer que quelques-uns... Mais c'est surtout dans le 5 de devant qu'il y avait des réticences. Quand tu sais que l'essai de la demi-finale contre les All Blacks part d'une contre-attaque du fond de terrain... Le slalom de Dominici se ponctue par un ruck. Tous les Blacks sont regroupés sur le côté droit, laissant un boulevard de l'autre côté. Lamaison choisit bien le côté défensivement dégarni ; Dourthe arrive comme relayeur, semble se tromper sur le côté à jouer, mais rectifie et envoie le ballon à Lamaison qui marque sans opposition. Mais, dans la même action, tu as deux ou trois joueurs qui se sont déplacés là où la défense était la plus consistante. En cause, une lecture du jeu défaillante. Savoir jouer et aller jouer là où c'est le plus facile, ça s'enseigne.

C'est bien la problématique des joueurs aujourd'hui. Leurs références ne leur permettent pas de lire le jeu.

P. V : On a tout pris à l'envers. Dans la formation du joueur, on doit traiter le mouvement et les déplacements avant de savoir comment se rendre efficace dans les rucks et comment faire les touches et les mêlées. Si tu travailles ça, de 8 à 16 ans, tu vas donner du sens au pourquoi des regroupements, des touches et des mêlées parce qu'ils seront la conséquence du mouvement et non son point de départ, comme on a trop tendance à l'enseigner. Aujourd'hui, si tu perds une balle en touche ou en mêlée, on dirait que c'est la fin du monde.

Quand j'étais DTN, on se réunissait tous les mois avec les responsables des pôles, parce qu'on avait constaté des dérives. Ça marchait bien. Maintenant, ils ont transformé les pôles en académies de clubs ; ça va être un beau chantier. Tout le système éducatif va voler en éclats. C'est dramatique. C'est un changement uniquement politique. C'est une réponse de la Fédération à une demande formulée par certains clubs professionnels, mais pas tous.

J'ai trouvé mon compte dans ce jeu-là parce que je voulais que ma carrière soit jalonnée de souvenirs marquants et de plaisir, que j'ai pris sur beaucoup de matches. Sauf que, aujourd'hui, j'aimerais demander aux joueurs s'ils prennent du plaisir dans le jeu qu'ils pratiquent.

P. V : Je pense qu'on a des joueurs qui ne sont pas responsables du jeu qu'ils pratiquent. Donc, la défaite ne leur appartient pas totalement. Ils se retranchent derrière les consignes. Tant que la défaite ne leur appartiendra pas totalement, ils ne chercheront pas à changer de façon de jouer. On fait trop souvent assumer la défaite par les erreurs individuelles, comme Vahaaminha après sa passe interceptée à la fin du match contre les Gallois (Tournoi 2019). Mais des erreurs individuelles, il y en aura toujours. Et puis, si on analyse la situation, sa passe avait du sens. Sauf qu'il a manqué la réalisation technique pour que cette intention réussisse. Mais, avec les conséquences qu'a eues son geste, il est probable qu'il ne se hasardera plus à faire ce choix qui, pourtant, n'était pas mauvais. Ça n'est pas nouveau. À mon époque, Gachassin a été exclu pour une passe pareille qui avait fait perdre le match à Cardiff.

Dans l'esprit français, on apprécie l'esthétisme d'une passe et, quand elle réussit, tout le monde est content. Mais on déplace le problème en considérant la technique comme une fin en soi et pas comme la conséquence d'une bonne lecture du jeu. On dit qu'on n'a pas de joueurs techniques. Mais, s'ils sont en équipe de France, c'est qu'ils ont quand même de la technique et qu'ils savent faire des passes longues ou courtes. S'ils n'ont personne en face, ils vont les faire. Ce qui les perturbe, c'est l'opposition, à savoir la maîtrise du rapport de forces attaque/défense qui se crée lorsque le ballon, les attaquants et les défenseurs sont en mouvement. La technique est seconde, pas secondaire. Le geste juste a bien sûr sa place comme résultante de ce qui a été bien compris. Et ça, cette vision de la technicité, ça n'est pas partagée par tous les entraîneurs.

Regarde le Racing 92 qui avait un jeu très stéréotypé. Il recrute deux joueurs qui ne sont pas formatés sur des schémas précis, l'Écossais Russell et l'Irlandais Zebo, et l'équipe offre soudain un jeu spectaculaire dans lequel s'engagent maintenant les autres joueurs. Ils vont finir par s'y complaire et cette équipe va certainement devenir très difficile à battre. Mais, quand tu parles avec Christophe Mombet, le responsable de la formation du club, il t'explique que les jeunes ne sont pas recrutés en fonction de leurs aptitudes à jouer en mouvement mais de leurs qualités à leur poste. Ça va à l'encontre d'une bonne démarche qui voudrait d'abord former le joueur dans le mouvement, avant de l'éduquer sur les arrêts du ballon (ruck, maul...) et, en fin de la chaîne de formation, sur les contraintes spécifiques de son poste.

Sans nier leur existence et la nécessité de s'y préparer, Robert Bru estimait que les rucks étaient un accident du jeu qui se produisait quand on ne pouvait pas faire autre chose. Toujours d'actualité, cette conception du jeu collectif est très différente de ce que j'ai connu quand je jouais. Arrière, je rencontrais très peu d'avants venus se replacer et jouer avec moi.

Ce n'est pas pour autant qu'ils n'en étaient pas capables...

P. V. : Effectivement, j'ai des vidéos de matches en 1972 où je peux t'assurer que ça bombardait. Quand nous étions allés en Nouvelle-Zélande, en 1968, on avait vraiment impressionné les Kiwis par ce jeu-là. On les avait fait courir de tous les côtés.

En 2017, je suis allé passer quinze jours avec les Crusaders parce que je connais bien leur entraîneur, Scott Robertson. La première chose qu'il m'a demandée, c'est : « Qu'avez-vous fait de votre rugby ? Parce qu'on vous a pris en exemple. » Je n'en avais pas conscience mais, pour eux, le rugby français était une référence en termes de créativité, de liberté de jeu et, aussi, d'efficacité. Parce que ça ne gagnait pas toujours, mais on les inquiétait souvent.

P. V : Quand on jouait contre les Gallois des années soixante-dix, c'était aussi très intéressant. On va me rétorquer que les temps de jeu n'étaient pas les mêmes qu'aujourd'hui. Mais je trouve que les statistiques ne sont pas cohérentes. J'aimerais qu'on comptabilise le temps où le ballon est en mouvement. Et là, on s'apercevrait que nous jouions largement autant que maintenant. Aujourd'hui, les mêlées sont comptabilisées dans le temps de jeu effectif, tout comme les rucks et d'autres arrêts de jeu. Mais on n'a pas encore fait ce type de statistiques...

À ton avis, comment et pourquoi a-t-on perdu ce rugby de mouvement et de liberté qui nous a bercés ?

P. V. : Je crois que, quand le rugby est devenu professionnel, la notion de résultat est devenue encore plus prioritaire. On a vu se développer des plans de jeu très précis, en allant copier ce qui se faisait ailleurs, en particulier en Angleterre ou en Afrique du Sud. Donc, il fallait des gars costauds qui respectent les plans de jeu. L'arrivée de joueurs étrangers en France a conforté ça. Les mecs ne voulaient pas faire ce qui était considéré comme de la « baballe ». Mais la philosophie du jeu de mouvement, ce n'est pas jouer pour jouer, mais pour créer les conditions de marquer. Pour le pratiquer, il faut des joueurs sachant donner du sens à ce qu'ils entreprennent. Et ça, on l'a perdu progressivement. Ce qui est paradoxal, c'est que les Anglais, dans le même temps, ont commencé à s'intéresser à ce que nous faisions avant qu'on se mette à les copier ! Quand je suis allé chez eux dispenser des formations, ils ne voyaient pas trop l'utilité d'un travail à partir du mouvement, mais ils s'y sont fiés. J'ai récemment observé le Connacht, qui est la quatrième équipe irlandaise et qui ne joue pas la Coupe d'Europe. Ils ont passé quatre jours à Pompadour pour un stage, avec un match contre Brive. Ils sont arrivés le jeudi ; ils ont fait un entraînement le jeudi soir, un autre le vendredi et un troisième le samedi matin, avant le match du soir. Et bien, le jeudi et vendredi, ils ont fait des entraînements en opposition totale, à 15 contre 15, avec beaucoup de jeu pendant une demi-heure à chaque fois. J'en ai parlé à l'entraîneur après. Il m'a raconté qu'il avait assisté à une des formations que j'avais donnée aux moins de 20 ans du Leinster, du temps où j'étais DTN, et que ça l'avait interpellé.

Est-ce le sélectionneur qui a une position trop forte et qui dicte, à travers l'équipe nationale, la représentation du jeu français ou est-ce la DTN qui n'a pas les moyens de définir cette identité ?

P. V. : Tout devrait s'inscrire dans une continuité, ce qui ne se fait pas en France. Si la DTN avait le pouvoir de gérer tout le sportif, les dirigeants ne pourraient pas agir par en dessous. Le choix des entraîneurs des équipes de France aurait dû être en concordance avec le projet de jeu qui voyait les meilleurs joueurs passer par les pôles et ensuite les différentes équipes nationales. Là, tu aurais renversé tout le système parce qu'il y aurait eu une cohérence dans la politique du haut niveau. Mais ça aurait signifié que la DTN puisse choisir les entraîneurs nationaux, y compris le sélectionneur de l'équipe A.

Ce qui paraît une évidence…

P. V. : Oui, mais ça n'a jamais été le cas chez nous. J'étais DTN quand Bernard Lapasset a décidé de reconduire Bernard Laporte pour un second mandat de quatre ans (2003-2007). Je n'ai pas été consulté et c'est là que j'ai décidé de partir. Avec son passé d'entraîneur, le président Laporte n'est peut-être pas le mieux placé pour prôner le jeu d'évitement. La visibilité utile, celle d'un jeu en mouvement est importante à tous les niveaux. Si on proposait une telle vision dans les écoles de rugby, cela éviterait aux gamins de se « rentrer dedans ». Si la copie du jeu de haut niveau gangrène, ce n'est pas de la faute des jeunes joueurs mais bien de celle de leurs éducateurs.

Qu'est-ce qu'on a fait à Toulouse, dans les années quatre-vingt ? On a placé dans toutes les équipes, jeunes et moins jeunes, des techniciens qui parlaient le même langage que les entraîneurs de l'équipe première. Je prends ma part de responsabilité parce que, lorsque j'étais DTN, je ne suis pas trop allé voir ce qui se disait et faisait dans les formations. Or, notre discours relayé par les cadres techniques était beaucoup plus théorique que pratique. Dans la formation des formateurs, le pourcentage de temps consacré à la théorie aurait dû être beaucoup plus faible que celui imparti à la pratique afin que les techniciens au contact des jeunes comprennent comment travailler sur le terrain. Ça n'a pas été fait et les éducateurs ont reproduit ce qu'ils voyaient à la télé, au plus haut niveau.

Cela renvoie à la formation des entraîneurs. Il a manqué un discours pour les sensibiliser et les inciter à aller vers ce jeu-là.

P. V. : Absolument. Pour que ça fonctionne bien, il faudrait que, de la base jusqu'au plus haut niveau, tout le monde parle le même langage et s'inspire de la même démarche. Savoir se servir de la visibilité du haut niveau, c'est intéressant pour développer des compétences, mais amener les éducateurs à savoir comment s'en servir est capital. Cela permettrait de comprendre comment se construisent en même temps le jeu et le joueur.

Comme vois-tu la situation actuelle ? On a perdu beaucoup de temps et notre identité, même si je pense qu'on peut vite la retrouver, à condition de prendre les bonnes décisions...

P. V. : On a encore un potentiel de joueurs pour retrouver des couleurs. Mais ça leur appartient, avec le risque que cela comporte car il faut accepter que la répétition des échecs soit porteuse. Et c'est là où j'ai des doutes, car le joueur professionnel tient aujourd'hui avant tout à préserver son image pour la rendre économiquement pérenne.

Même s'ils ne sont pas exempts de reproches, et je ne me prive pas de leur en faire, les joueurs ont un pouvoir limité par un système mis en place par les dirigeants.

P. V. : C'est pourquoi il faut modifier le système. Et ce changement de système induira le changement de l'état d'esprit des joueurs et, donc, l'expression de leur potentiel. Pour en arriver là, il faut réaliser la soudure avec les moins de 20 ans, c'est-à-dire créer des compétitions qui vont les préparer à entrer dans le monde professionnel. Il faut qu'ils jouent au plus haut niveau, avec les exigences de celui-ci, beaucoup plus tôt. Tout est imbriqué, du haut jusqu'à la base, ou inversement. Il faut modifier tous les profils des joueurs pour leur apporter d'autres ressources et compétences. Ça peut prendre beaucoup, beaucoup de temps.

Mais la France peut être championne du monde en 2019. Une Coupe du monde, ce ne sont que quelques matches. J'en parlais récemment avec Daniel Herrero qui m'expliquait que, en 1999, on n'avait pas très bien joué avant la demi-finale. Je lui ai rappelé que, jusqu'à la finale, on avait gagné tous nos matches, marqué beaucoup d'essais et que, bien ou mal joué, une dynamique intéressante s'était créée. La confiance passe par la victoire et l'entretien d'un état d'esprit par rapport au jeu qu'on ambitionne de développer. Cette équipe avait en plus du vécu. On avait deux Grand Chelems, gagné avec plus de 50 points en Écosse et au Pays de Galles...

C'est vrai qu'il y a eu des moments d'euphorie... On en a profité sur les années suivantes parce que, même avec le système de blocs instauré par Laporte, ça ne nous empêchait pas de circuler en dehors. Et je suis persuadé que les jeunes qui sont arrivés pour la Coupe du monde 2003, les Michalak, Harinordoquy... avaient la représentation du jeu qu'on leur avait donnée.

P. V. : Et je crois qu'il y avait de meilleurs joueurs en 2003. L'essentiel, c'est l'état d'esprit que l'entraîneur doit insuffler progressivement à ses joueurs pour pouvoir s'effacer. Le bon entraîneur, c'est celui dont les joueurs n'ont plus besoin au bout d'un moment. Ça ne veut pas dire que c'est la foire d'empoigne : c'est le partage utile qu'il faut négocier en étant toujours présent au bord du terrain pour recadrer quand ça ne va pas.

Le vrai pouvoir, ce sont les joueurs qui l'ont, sur le terrain.

P. V. : Les Néo-Zélandais l'ont très bien compris. Proche de Hansen et Smith, j'ai souvent assisté à leurs séances d'entraînement et les joueurs font tout. Les coaches décident avec les leaders quel type de travail ils veulent voir exécuter et, ensuite, ils laissent le capitaine et les leaders tout mettre en place. J'admets que ce serait plus compliqué en France, avec notre éducation.

Cela amène le joueur à réfléchir sur le jeu, à formaliser sa conception. Aujourd'hui, les joueurs français sont consommateurs des programmes que leur fournissent leurs entraîneurs. Ils consomment sans comprendre. Ils ne sont pas acteurs.

P. V. : Je suis d'accord. Comme toujours avec toi. J'apprécie tes commentaires ou tes analyses. Mais tu dois l'avoir dure non ?

Oui, mais je ne cache pas mes convictions que j'ai depuis très longtemps. J'essaye de les délivrer. J'ai eu trois ans d'expérience comme entraîneur des moins de 20 ans et je leur ai tenu ce discours en permanence. Mais je me suis heurté à des barrières terribles, même avec des gens avec lesquels j'avais partagé beaucoup de choses. Je ne parlais aux joueurs que de circulation offensive parce qu'ils ne donnaient pas de sens à ce qu'ils faisaient. Les joueurs en avance, les joueurs en retard, les joueurs proches, les joueurs éloignés, pour eux, ça ne voulait rien dire. J'y suis revenu pour essayer de leur faire comprendre le jeu dans sa globalité. Certains voulaient des choses plus cadrées. C'est toujours pareil…

P. V. : Je voudrais prendre en exemple ce qui se passe à Toulouse aujourd'hui. Ce sont tout autant les dirigeants que les joueurs et les entraîneurs qui ont impulsé le retour du Stade Toulousain vers le jeu de mouvement qui a fait sa réputation. Ce changement de dirigeants, bercés dans les années 1985-1995 par un style, a largement influencé ce retour à un jeu plus en accord avec l'histoire du club ! Ils ont impulsé, sous la responsabilité d'Émile Ntamack, une dynamique à tous les niveaux de la formation. Ça va marcher, c'est sûr. Sur la durée, la marge de progression est grande, je suis confiant.

Je ne sais pas ce que tu en penses, mais je trouve le jeu irlandais très programmé, avec le passage systématique par le sol.

P. V. : C'est pour ça que si tu les bloques en défense, comme l'ont fait les Anglais et les Gallois, ils sont en difficulté.

C'est marrant ce que tu disais sur les Anglais. Leur projet de formation chez les jeunes s'intitule « Intelligence et initiative ». Ils nous l'ont pris !

P. V. : Les Anglais m'ont souvent invité à faire des conférences sur la dynamique du mouvement, la liberté d'initiative, etc. Quelquefois, ils me disaient qu'ils comprenaient mais qu'ils ne voyaient pas trop comment mettre cela en place. Apparemment, ils ont trouvé la solution. Il n'y a qu'à voir aujourd'hui le championnat anglais ; il est agréable à regarder.

Les Anglo-Saxons ne négligent pas le côté économique. Pour attirer les télévisions et les gens au stade, il faut leur proposer du spectacle. Cette dimension est très importante pour le jeu actuel. Malheureusement, en France, on n'est pas très orienté vers ça, même si le rugby reste très populaire. Mais on pourrait faire tellement mieux. Je reviens à 1999 parce que beaucoup de gens continuent de m'en parler. Ils me remercient non pas d'avoir gagné des matches mais de leur avoir procuré des émotions dont ils se souviennent encore. Ça me touche profondément parce que la marque du rugby français de cette époque est plus dans l'émotion que dans la victoire. Évidemment qu'on aurait aimé être champion du monde mais l'émotion perdure.

P. V. : Le résultat est la conséquence de tout le reste.

Finalement, ça m'importe peu de ne pas avoir été champion du monde. L'idée était d'aller au bout de notre idée et on y est allé.

P. V. : L'erreur de la finale, puisqu'on en parle, c'est de ne pas avoir cherché à reproduire le jeu que nous avions produit contre les All Blacks ou contre l'Argentine, en quart de finale. Il fallait jouer tous les ballons ; tout le monde attendait ça. Mais on a, en début de match, trop utilisé le jeu au pied…

Est-ce qu'on n'était pas cuits physiquement ?

P. V. : Oui, c'est sûr, avec en plus une semaine de mauvaise préparation.

Émotionnellement, la demi-finale a aussi été dure à digérer.

P. V. : Pour préparer cette finale, les joueurs, surtout les trois-quarts, souhaitaient préparer des combinaisons. Je me doutais bien que les combinaisons n'allaient pas nous faire gagner et qu'il fallait travailler autre chose. Quand tu revois le match, tu t'aperçois qu'on ne fait pas une combinaison. On défend bien et on ne joue que les ballons de récupération. Je leur avais dit : « S'ils tapent loin, il faut contre-attaquer » et ça, ils l'ont bien fait. Je leur avais aussi dit de surveiller la montée des Néo-Zélandais pour utiliser le jeu au pied derrière eux. On marque deux essais comme ça. Le message tactique que tu veux faire passer et le ressenti qu'ont les joueurs se doivent d'être partagés. La force de la Nouvelle-Zélande est dans ce partage : à tous les niveaux, tout le monde parle le même langage. Si tu écoutais parler les théoriciens français de la formation au handball – je les côtoie de temps en temps – tu n'en reviendrais pas. Leur méthode de formation répond complètement à ce qu'il nous faudrait mettre en place pour créer une dynamique de formation efficace. Tu remplaces « rugby » par « handball » dans leur discours, et il n'y a rien à changer.

Ne penses-tu pas également qu'il y a un problème dans la rupture du rugby avec la société ? Dans une équipe de rugby, il y avait toutes les professions et notamment des instituteurs qui initiaient leurs élèves.

P. V. : Il y avait surtout des professeurs de gym, dont je faisais partie. Beaucoup de joueurs de rugby du sud de la France faisaient des études d'éducation physique et se retrouvaient dans le Nord pour leur première affectation. C'est par eux que le rugby s'est implanté dans ces régions. Ils l'ont diffusé avec leur façon de concevoir le jeu. Leur méthodologie n'était pas à l'époque celle de la Fédération mais celle d'une corporation. Ce n'est qu'après que la Fédération s'est approprié cette méthode de formation, mais l'a mal utilisée. Pour en revenir aux profs de gym, il y en a de moins en moins qui s'impliquent... Je me souviens que, quand j'étais convoqué pour être au jury du Capeps, il y avait beaucoup « d'option

Rugby » ; ça faisait environ 200 rugbymen par an qui passaient ce concours. Aujourd'hui, il y a une seule session de rugby et aucun ne joue au plus haut niveau puisqu'il y a, dit-on, incompatibilité entre une carrière pro et des études supérieures… Quant au rugby à l'école primaire, les contraintes de sécurité qui s'imposent aux enseignants et chefs d'établissement et le caractère violent qui affecte le rugby sont des éléments défavorables. Le rugby reste pourtant un sport éminemment éducatif en termes d'intégration sociale.

Avec leur théorie et leur pédagogie, ces enseignants constituaient une excellente passerelle vers les clubs ; qu'est-ce qui a fait que ce pont a été coupé ? Que le milieu du rugby s'est mis à se moquer des profs de gym ?

P. V. : Je crois que René Deleplace, le fondateur de cette école, a, au départ, fait peur par l'intellectualisation de sa méthode de formation. L'appropriation de la démarche « deleplacienne » était difficile à digérer. J'ai essayé de la traduire de manière simple pour tous les niveaux de pratique auxquels je m'adressais, et j'ai été flatté de l'entendre me dire que j'avais bien compris et bien traduit sa mise en œuvre. Son message pédagogique n'a pas été bien reçu parce que l'assimilation théorique bloquait la mise en pratique qu'elle aurait dû provoquer.

Crois-tu qu'on doive se résigner à avoir ce système de formation ou ce championnat ?

P. V. : Il faut, quel que soit le niveau, avoir des compétitions qui collent à la formation. Je ne pense pas que le système actuel de « jeu à toucher » soit suffisant. La sélection des meilleurs jeunes se fait trop tôt. À 14 ans, il est difficile de cibler un potentiel car le rugby est un sport à maturité tardive. Je pense qu'il faut laisser vivre les gamins tranquillement dans leur coin jusqu'à 16 ou 17 ans. Et après, prendre les meilleurs. Mais plus tôt, tu les sors de leur cocon familial, de leur milieu social, et tu fais plus de déçus du système que de satisfaits.

Pour autant, cela ne veut pas dire qu'il ne faut pas créer les meilleures conditions dans leurs clubs pour réussir cette formation initiale.

Parlons du Top 14. Comment juges-tu l'intervention des différents acteurs, les entraîneurs, les présidents ?

P. V. : On est dans une gouvernance très verticale, avec des présidents dominants, qui ont tous les pouvoirs du fait de l'argent qu'ils investissent. Ce n'est pas vrai dans tous les clubs mais dans la grande majorité. Dans cette verticalité, il faut trouver un système qui soit cohérent entre la formation, déléguée à l'association amateur, et le secteur professionnel où on exige des résultats très rapidement. Donc si tu n'as pas à la tête des gens capables de tracer un réel projet et de s'entourer des compétences pour le mettre en œuvre, ça ne peut pas marcher. Pour cela, le choix des personnes (« qui fait quoi ? ») et l'articulation de toutes les compétences et fonctions me paraissent essentiels. Je n'invente rien, c'est exactement ce qu'avait instauré Jean Fabre quand il était devenu président du Stade Toulousain, au début des années quatre-vingt.

La grosse difficulté, dans le professionnalisme d'aujourd'hui, où les joueurs sont soumis aux offres du marché, c'est de pouvoir en conserver un noyau suffisamment important et longtemps pour entretenir l'identité du club et de son jeu.

Les joueurs veulent gagner de l'argent, c'est normal. Et, en plus, il y a énormément d'étrangers qui signent des contrats de deux ans…

P. V. : Oui, c'est difficile. Mais si tu as une bonne école de rugby, il faut donner leur chance à ceux qui en émergent. Il faut même leur donner la priorité. Ceux-là, tu ne les perdras pas. Mais si tu fais venir un troisième ouvreur alors que tu en as déjà deux très bons – le gars ne jouera jamais mais il vient quand même parce que c'est financièrement intéressant –, le sportif devient secondaire. Je crois aussi que les staffs des équipes professionnelles sont de plus en plus disproportionnés. Il y a des spécialistes en tout.

Chez les Crusaders, le staff est très réduit. Ainsi le discours n'est pas dilué. On en revient à l'autodiscipline qui est culturelle chez les Néo-Zélandais. Ils s'assument très tôt et ne sont pas dans l'attente de l'information ; ils vont la chercher. Pour en revenir au Top 14, penses-tu, comme moi, qu'il ne prépare pas les joueurs au niveau international ?

P. V. : Bien sûr que le jeu du Top 14 est perturbant pour le niveau international parce que tu ne peux pas passer, d'une semaine sur l'autre, à un tel changement de volume de jeu, d'intentions et de vitesse. Je ne dis pas que tout le monde devrait jouer le même rugby, pas du tout. Dans le jeu de mouvement, il y a tellement de variétés. Mais qu'il y ait au moins cette envie de partager ce jeu-là. En début de saison, tous les entraîneurs souhaitent y accéder. Mais, à la première défaite, ils réduisent la voilure.

Si tu fais un championnat sans descente, il est évident que ça va modifier l'état d'esprit avec lequel il faut jouer. Est-ce souhaitable ? Je n'en sais rien parce que si tu fais ça, autant se lancer dans une formule différente, comme le font les Celtes ou les nations de l'hémisphère sud, avec six provinces qui participent à une compétition européenne. Mais pour ça, il faudrait une révolution complète de l'organisation du rugby français et européen

Je pense qu'une seule relégation suffirait à détendre l'atmosphère.

P. V. : Oui et tu peux encore faire un barrage, sur deux matches, entre le dernier du Top 14 et le champion de Pro D2. Il y aurait une relégation au maximum, mais pas certaine.

Oui, c'est intéressant. De toute manière il faut trouver quelque chose parce qu'on voit maintenant un paquet de matches, très décevants sur le plan du jeu, qui n'ont d'autre intérêt que leur résultat incertain jusqu'au bout.

P. V. : Si je suis supporteur et que je viens voir mon équipe gagner, je me fiche de la manière. Mais si je paye mon billet pour assister à une production de qualité, là c'est autre chose. L'action typique de notre Top 14, c'est de voir deux ou trois avants se regrouper à proximité d'un ruck : tu sais très bien ce qui va se passer, celui du milieu va recevoir la balle, baisser la tête et foncer, poussé par les deux autres, pour faire un autre ruck. Et le plus incroyable, c'est qu'ils prennent la balle arrêtés, donnant ainsi un avantage supplémentaire aux défenseurs. Un rugby avec si peu d'incertitude tactique ne peut engendrer les conditions de l'émergence de joueurs différents. Et son arbitrage, en s'adaptant logiquement à cette lenteur, ne peut qu'accroître le problème.

Chapitre 13
(entretien avec Dimitri Yachvili)

« Le joueur doit redevenir acteur sur le terrain »

Dimitri Yachvili, demi de mêlée, a été formé à Brive. Il a ensuite joué au PUC, à Gloucester (champion d'Angleterre en 2002), à Biarritz (champion de France en 2005 et 2006, et deux fois finaliste de la Coupe d'Europe en 2006 et 2010). Il a 61 sélections en équipe de France (deux Grands Chelems dans le Tournoi en 2004, avec moi, et 2010 ; une finale de Coupe du monde en 2011).

Les Néo-Zélandais font en sorte que les premiers temps de jeu soient programmés mais que la lecture reste prioritaire. Nous, en revanche, à travers notre formation et notre championnat, nous n'en sommes plus capables.

Dimitri Yachvili : Je ne le vois pas comme ça. Les Blacks sont tellement à l'aise techniquement que, lorsqu'ils programment trois ou quatre temps de jeu, il y a, à chaque fois, différentes options. Dans le cadre, ils conservent de la liberté. Prenons par exemple leurs relances de jeu par les avants : soit le porteur donne la balle à celui qui vient dans l'intervalle, soit il la donne dans le dos, soit il la donne intérieur, soit il la garde

Nos lacunes techniques et tactiques sont là. On l'a vu lors des dernières minutes de France-Galles 2019, c'est un jeu à une passe où on voit, quand ils se relèvent, que nos gros sont à la rue et qu'ils ne provoquent aucune incertitude chez les défenseurs. Voilà où les Blacks sont bons : ils structurent chaque temps de jeu mais, à l'intérieur de celui-ci, il y a différentes options parce que, du n° 1 au n° 15, ils sont tous capables de s'adapter. Ça, nous ne l'avons plus.

Je reste persuadé que ce que tu dis est valable pour l'équipe d'Irlande, qui est beaucoup dans la programmation avec du mal à en sortir, même si c'est tellement bien réalisé que les Irlandais ont toujours la possibilité de trouver une solution. Mais les Néo-Zélandais, dans la préformation, laissent beaucoup plus de place au jeu libre qu'à la structuration qui vient plus tard. Et on retrouve chez les All Blacks ce qu'on leur a inculqué dès l'enfance à l'école de rugby.

D. Y. : Il n'y a qu'eux pour faire ça.

Et nous ? Dimitri, combien de fois je t'ai vu sortir du cadre ?

D. Y. : Parce que, techniquement, on était capable de le faire.

Bien sûr, mais aussi parce que tu as reçu une éducation qui te donnait la liberté de prendre tes responsabilités pour le faire.

D. Y. : Mais si je ne m'étais pas senti capable de le réaliser techniquement, je ne l'aurais pas fait et je serais resté dans le mouvement général.

J'ai quand même le souvenir de toi, dans des situations où c'était bloqué après deux temps de jeu, où tu as pris des décisions tactiques adaptées à la forme défensive qu'avait prise l'adversaire. C'était un choix tactique, bien sûr appuyé par une bonne technique.

D. Y. : D'accord, on peut reprocher aux joueurs actuels de ne plus prendre de responsabilités. De rester dans le moule sans la moindre initiative et de se réfugier ensuite dans le respect des consignes. Mais l'entraîneur ne joue pas, c'est au joueur de changer le système si celui qui était prévu ne fonctionne pas ! Depuis six, sept ans, en équipe de France, personne ne veut le faire évoluer. Grossièrement, les joueurs refusent de taper du poing sur la table pour avoir une sélection et un peu d'oseille en plus.

Les choix de jeu que tu pouvais faire, à Biarritz ou en équipe de France, étaient dictés par ta longue expérience et par ta formation. Elles te permettaient de limiter tes mauvais choix parce que tu les avais déjà expérimentés. Aujourd'hui, on expose des joueurs à qui on n'a pas laissé le temps de faire ces mauvais choix, de prendre des décisions sur lesquelles ils ont eu un retour leur permettant, le coup d'après, de ne pas répéter leur erreur.

D. Y. : Les clubs, alors, n'avaient pas peur de lancer leurs Espoirs à 20 ans en équipe première. Je l'ai expérimenté à Gloucester ou à Biarritz : que tu aies 20 ans ou 35 ans, tu joues si tu mérites de jouer. Et c'est à cet âge-là que tu apprends le plus, même si, bien sûr, tu ne fais pas que des bons matches. Mon passage en Angleterre, à 21 ans, m'a fait beaucoup de bien parce que je me reposais déjà un peu trop sur mes acquis techniques. Là-bas, un demi de mêlée fait 200 passes par jour, qu'il s'appelle Gomarsall (35 sélections pour l'Angleterre), Yachvili ou autre. Après, sur le terrain, ça devient plus facile. Mais, en France, on ne veut plus de ce travail routinier. À Gloucester, les entraînements étaient tellement intenses, répétitifs et chiants, qu'il nous tardait de jouer les matches. En France, on n'aime ni la discipline, ni la rigueur au quotidien. On dit qu'on s'entraîne mais on ne s'entraîne pas comme l'exige le haut niveau, sur le terrain comme en dehors. D'aller là-bas m'a ouvert les yeux.

Ce que tu dis, c'est que nos standards pour jouer à ce niveau ne sont pas les bons et qu'il faut les redéfinir ?

D. Y. : En commençant par la formation.

Oui. Le travail de formation réalisé dans les petits clubs n'est pas si mauvais que ça, car il y a eu une prise de conscience générale de nos carences. Mais c'est après, sur les niveaux d'intensité et d'exigence, qu'on se trompe. À partir de quel moment n'avons-nous plus su redéfinir les standards du plus haut niveau ?

D. Y. : La vitrine, c'est le Top 14. J'en parle, non pas avec mon fils puisqu'il fait du foot, mais avec ses copains. Ils regardent tous les matches à la télévision et, après, ils veulent faire comme les joueurs du Top 14. Donc, il faut être gaillard du haut. Il y en a, à 15 ans, qui font de la musculation. C'est dramatique. Ils reproduisent ce qu'ils voient en France, plutôt que de zapper sur d'autres chaînes et regarder ce qui se fait ailleurs, en Angleterre ou dans l'hémisphère sud. Je ne comprends pas pourquoi la politique du Top 14, sans parler de règlement ou de loi, continue de recruter un Sud-Africain de 28 ans plutôt que de lancer un jeune du club. L'étranger est-il réellement meilleur ? Quand je vois l'entrée de Lambey contre le Pays de Galles et ce qu'avait fait auparavant Willemse, il ne faut pas beaucoup connaître le rugby pour constater que le jeune a apporté beaucoup plus en vingt minutes que l'autre en soixante.

Est-ce que Lambey ne transpire pas plus pour le maillot bleu que Willemse, sans parler de nationalisme ? Même si Willemse est fier de porter ce maillot, ça n'a pas bercé les rêves de son enfance ; son environnement familial et culturel ne l'y poussait pas.

D. Y. : Bien sûr et, de ce fait, on a perdu notre ADN. Nous avions toujours plaisir à « baiser » l'adversaire sur un petit côté, un deux contre un ou une relance d'un peu nulle part… Nous aimions tous le jeu, courir sans ballon, pour chercher la faille. Ça braillait de partout parce que tout le monde voulait jouer le coup. Maintenant, tu as l'impression de n'avoir que des muets sur le terrain.

C'est vrai ! Cette idée de « baiser » l'adversaire qu'on savait moins bon sur l'instinct, sur des jeux libres, nous procurait beaucoup de plaisir. Je ne me souviens plus quel international français a dit : « Espérons que les Anglais soient aussi cons que la dernière fois... »

D. Y. : Mais les Anglais ont évolué. Même si quand je vais chez eux, en touriste, je me sens encadré de partout. Ils ont développé leur instinct tout en restant très rigoureux. Avec des Nowell, des Johnny May – c'est un artiste celui-là, capable du pire mais aussi du fantastique – des Slade...

Et Farrell. Sous la houlette de Lancaster, qui était responsable du programme de formation de ces joueurs quand ils étaient jeunes, les maîtres mots étaient « intelligence et initiative ». Ainsi, les Anglais ne sont pas sortis du moule de rigueur qui leur colle à la peau mais ils se sont posé les bonnes questions pour atteindre les exigences du très haut niveau.

D. Y. : Les autres nations, pas seulement l'Angleterre, ont une vision de ce que sera le rugby dans dix ans. Alors que nous, nous cherchons à rattraper un retard de cinq ou six ans, en étant gentil, on va dire depuis 2011, même si cette finale a été l'arbre qui cachait la forêt. Les autres se projettent déjà dans le jeu du futur alors que nous essayons de rattraper celui du présent. Donc le constat est terrible : on a quinze ans de retard et je me demande comment le rattraper.

Faut-il sacrifier une génération ? Et faire jouer les jeunes, tout de suite ? Mais pour ça, il faut une révolution dans notre championnat et dans la gestion des internationaux. On ne peut plus se cacher derrière leur disponibilité. Si nous, nous avions été réunis quinze jours avant tous nos matches, nous aurions été, je ne sais pas… champions du monde !

Ce n'est pas ce qui change la donne. Ce qui prépare le mieux au niveau international, c'est la qualité du championnat domestique.

D. Y. : Oui, c'est le quotidien.

Quand tu rassembles de bons joueurs, ils se retrouvent facilement sur le terrain parce qu'ils parlent le même rugby.

D. Y. : Comment se fait-il que les sélections éphémères, comme les Barbarians, parviennent à produire du jeu et pas l'équipe de France ? La pression du résultat et des médias ?

Je ne connais pas le discours de Brunel envers ses joueurs, mais je pense qu'il doit être nourri d'ambition et de passion…

D. Y. : Ce qui manque, quel que soit l'entraîneur, c'est quinze entraîneurs sur le terrain.

C'était le cas pour vous, en 1999, comme pour nous, en 2011 : il y avait un entraîneur à tous les postes.

Dimitri, est-ce que, quand tu étais gamin, tu avais analysé le rugby ? Est-ce que tu l'avais compris et lui avais donné du sens ? Parce que, aujourd'hui, j'ai l'impression qu'ils jouent sans donner de sens. Même à l'entraînement, il y avait du sens quand tu faisais 200 passes par jour, parce que tu savais reproduire le bon geste dans la situation. Est-ce qu'ils comprennent le jeu aujourd'hui ?

D. Y. : C'est une bonne question. Je n'en ai pas l'impression en regardant les matches, tous les week-ends. Quand je rentrais sur le terrain, je voulais être acteur du jeu. Je ne voulais pas être consommateur ou suivre un mouvement. Je me disais qu'il y avait la vision d'un entraîneur, les consignes d'un sélectionneur, mais que, sur le terrain, il fallait sentir l'adversaire. Le ressenti, ça ne s'écrit pas au tableau. Tu ne peux pas y arriver sans l'envie de prendre les choses en main.

C'est en ayant un pouvoir d'action sur le match que tu prends du plaisir.

D. Y. : Tu dois aussi être acteur dans la semaine où tu observes les matches de l'adversaire, où tu réfléchis aux lancements de jeu à mettre en place. Tu les répètes tous les jours à l'entraînement, tu en parles à ton ouvreur, à ton n° 8, pour être paré pour le match. Techniquement, nous étions à l'aise, nous pouvions changer… Si tu vois qu'un adversaire est au sol et ne s'est pas replacé, tu réagis en conséquence à ce qui n'était pas prévu. C'est de la vision du jeu et ça, tu ne peux pas l'acheter et tu ne le trouves pas dans la salle de musculation. Il faut aimer le sport en général, parce que ça n'est pas propre au rugby.

Je me demande souvent s'ils aiment vraiment ce sport ou s'ils le consomment parce qu'il y a un billet à prendre.

D. Y. : Moi aussi je me pose la question. Ce n'est pas parce que c'est devenu un métier. Ça l'était pour nous aussi et on a bénéficié des conditions créées par le professionnalisme, mais nous étions plus acteurs. C'est vrai qu'aujourd'hui il y a plus d'argent. On voit des joueurs surcotés et des salaires qui ont explosé. Les joueurs n'en sont pas responsables. Mais je crois que nous avons été éduqués différemment par nos parents et par nos anciens. J'ai joué avec des partenaires qui avaient connu l'amateurisme. Donc, c'est tout bête mais, quand tu arrivais dans l'équipe à 20 ans, tu n'allais pas t'asseoir au fond du bus et tu portais le sac de l'ancien.

Tu buvais l'apéro avec Carbo (Philippe Carbonneau)...

D. Y. : Parce que j'étais obligé... Ce sont peut-être des gestes *old school* mais pour moi essentiels. Dans un groupe, la hiérarchie doit être respectée. Il me semble que ça se perd et pas que dans le rugby. J'en parle avec des copains qui ont des sociétés ou des magasins, et à entendre le gamin de 20 ans, on a l'impression qu'il a bac +10 et qu'il gère une PME depuis vingt-cinq ans. C'est donc sociétal. Mais dans le rugby, où la hiérarchie existe fortement, tu es obligé de respecter ton capitaine, ton demi de mêlée, ton buteur... Quand je vois l'importance que les All Blacks accordent à la transmission, quand je les vois nettoyer leurs vestiaires après les matches... Quand je vois comment ils sont positionnés pour le haka : en haut de la pyramide, il y a le capitaine, derrière lui les deux joueurs qui ont le plus d'expérience et ainsi de suite jusqu'aux jeunes qui sont derrière. Tout est structuré, ils ne se placent pas à l'arrache.

Dans le haka, la hiérarchie et la transmission sont symbolisés.

D. Y. : Je me dis que, le gamin de 21 ans qui débute chez les Blacks, placé derrière ces gars-là, il ne peut rien lui arriver. Nous, nous avons perdu notre part de sacré, celle qui faisait notre force.

On a loupé un virage en ne faisant plus référence au passé. Ce maillot bleu, on n'a pas su le léguer.

D. Y. : Nous en sommes responsables. Je sais que j'ai eu un problème pour faire passer le message aux jeunes. Soit j'ai été trop dur, soit je n'ai pas eu les bons mots. J'ai toujours gardé la ligne de transmettre ce qu'on m'avait transmis sans trop m'adapter à l'évolution de notre sport. Je pensais que cette transmission allait se perpétuer de génération en génération mais je me suis trompé. Notre responsabilité, c'est d'avoir mal fait passer le message. Mais j'estimais que ne pas arriver en retard à l'entraînement, respecter les coéquipiers comme l'adversaire, c'était le minimum syndical. Et, à la fin, j'avais l'impression d'être un has been. Fort de mes convictions, je n'ai pas voulu changer et j'ai préféré quitter ce système-là. Parce que je sais comment j'ai pu réussir ma carrière et que, forcément, c'est passé par ce genre d'éducation et de comportement. Aujourd'hui, je n'ai plus de contact avec le terrain, si ce n'est les quelques conseils que je donne à Baptiste Serin pour le jeu au pied. À Biarritz, tous les anciens sont partis. Si on m'avait demandé de m'occuper des buteurs ou des demis de mêlée, même pour une heure, j'y serais allé bénévolement. Mais nous sommes entrés dans un système où priment les intérêts personnels, celui de l'individu sur celui du collectif, celui du club sur celui de l'équipe de France... Donc, les mecs ont peur qu'on leur pique leur place ou qu'on leur fasse de l'ombre... Comment Toulouse est-il revenu à son meilleur niveau ? Des poussins à l'équipe première, il n'y a que des anciens joueurs du club. Ils connaissent la maison, sa culture...

Ils partagent des convictions. Jérôme Cazalbou m'a parlé de l'état d'esprit qui a été ranimé. Est-ce que tu penses, Dimitri, que c'est perdu ou qu'on pourrait le remettre en place au niveau de l'équipe de France ?

D. Y. : À condition que les présidents et les entraîneurs mettent leur ego de côté. Qu'ils ne s'inquiètent pas : on ne veut pas leur piquer la place mais juste faire grandir le club ou l'équipe de France. Moi, j'aimerais léguer ce qu'on m'a légué. Je préfère passer une heure sur le terrain et voir les garçons évoluer techniquement plutôt qu'ils passent ce temps à soulever de la fonte pour prendre des pectoraux, dans une salle où la musique est à fond et où personne ne se parle. Je ne dis pas qu'il ne faut pas faire de musculation, les articulations ont besoin d'être renforcées mais là où le bât blesse, c'est qu'on a perdu notre technique individuelle. Et cette perte a induit la perte du jeu instinctif parce qu'on n'est plus capable de réaliser certains gestes. Pour ne parler que des demis de mêlée, quand je vois l'Irlandais Conor Murray ou l'Anglais Ben Youngs, tous leurs coups de pied dans la boîte – les *box kicks*, comme ils disent – retombent à la bonne longueur, entre la ligne des cinq mètres et la touche. C'est très dur à réaliser mais encore plus dur à défendre, si près de la touche. C'est ça la précision du haut niveau, mais il faut y passer des heures et des heures. Et ça, il me semble qu'on n'en veut plus.

On n'en veut plus ou on n'arrive pas à l'instaurer ? Parce que ce serait possible. Si on redéfinit les standards pour accéder au haut niveau, il faudra bien en passer par là. Quand Federer tape son revers, on a l'impression que c'est facile. Mais il en a tapé combien des revers ?

Au-delà des constats, la question que je me pose, c'est : « Comment fait-on maintenant ? »

D. Y. : Il faut déjà commencer à la base, à l'école de rugby, pour faire évoluer les gamins techniquement. Qu'ils répètent ces gestes spécifiques quasiment tous les jours pour acquérir un bagage technique complet à 20 ans. Aujourd'hui, à cet âge-là, on doit encore leur apprendre à faire des passes des deux côtés, alors que ça ne devrait être que de la routine. Au lieu de réviser, on reprend la leçon du départ. Après, il faudrait étoffer les staffs pour, par exemple, faire évoluer techniquement ceux qui ne sont pas retenus dans le groupe plutôt que de les envoyer faire du physique. J'insiste sur la technique parce que je pense qu'une fois acquise, elle permet d'évoluer très rapidement sur le plan tactique. Je sais qu'on adore détester les Anglais et qu'on n'aime ni la rigueur, ni la discipline. Et pourtant, notre avenir passe par là.

Je pense qu'il y a eu un grand changement à partir de 2011, même si, comme tu l'as dit, c'était déjà l'arbre qui cachait la forêt. Il y avait encore, en 2011, des joueurs capables de décider. Et vous saviez transmettre vos décisions. Vous l'avez démontré, sur le terrain et en dehors, en prenant les choses en main. Mais comment faire maintenant, pour retrouver des leaders, des garçons responsables, qui ne se cachent pas derrière un système ?

D. Y. : En 2011, ce n'est pas un système qui nous a fait réussir. Pour 90 % d'entre nous, il s'agissait de notre dernière Coupe du monde et on ne voulait pas passer pour des cons. C'est simplement ça. On perd contre les Tonga qui ont été bien meilleurs que nous et, à partir de là, on a décidé de ne plus passer pour des pipes. Juste par fierté. À ce moment-là, on n'imagine pas du tout qu'on va être à un point du titre. On se dit que le système que nous proposent nos entraîneurs ne fonctionne pas. Donc, à partir de maintenant, on est trente avec le maillot et c'est nous qui allons décider comment jouer. Sans manquer de respect à notre sélectionneur, on a dit : « Voilà nos forces et nos faiblesses ; on va mettre l'accent sur nos forces, on verra nos faiblesses plus tard et on y va tous ensemble. » Donc on s'est réuni après les Tonga. Ça passe par des moments difficiles qui sortent de l'ordinaire parce qu'il a fallu faire parler tout le monde, même ceux qui ne parlaient jamais. Tous les abcès ont été crevés et, le lendemain, tout est reparti.

Pour en revenir à ce qu'on disait plus tôt, nous étions tous, à ce moment-là, capitaine ou vice-capitaine dans nos clubs. Combien sont-ils dans ce cas dans l'équipe de France actuelle ? Je veux en venir au fait que les étrangers, dans le Top 14, prennent la place pour les postes clés aux joueurs français. Je ne veux pas dire que ces derniers arrivent en équipe de France comme des suiveurs, mais ce sont de gentils garçons qui respectent le système et les lancements de jeu mais, pour taper du poing sur la table, il n'y a personne.

En sont-ils capables ?

D. Y. : La preuve que non. Et même si certains en étaient capables, ils resteraient trop seuls. Si Beauden Barrett intégrait l'équipe de France, il ne suffirait pas à faire gagner le Tournoi. Les leaders doivent être suivis par un groupe. Pour que Romain Ntamack soit bon, il lui faut autour des joueurs d'expérience qui le mettent en confiance. J'en reviens à ce que je disais tout à l'heure : je pouvais m'emporter contre un jeune arrivé en retard à l'entraînement et le pourrir toute la semaine, j'étais le premier à le rassurer avant le match et à demander aux autres de le soutenir. Il faut accompagner les jeunes et j'ai l'impression qu'on a aussi perdu cette transmission. On m'a appris comme ça.

Des anciens ne m'adressaient pas la parole de la semaine, je me demandais ce que je leur avais fait, mais, arrivé le week-end, ils me tapaient sur l'épaule et me disaient : « Ne t'inquiète pas, on est là. » Ça me mettait en confiance. Pour en revenir aux leaders en équipe de France, ils le sont par leur nombre de sélections – encore que ça ne veuille plus rien dire aujourd'hui – mais pas par leurs prises de décisions. Pourquoi ? Par peur de ne plus être sélectionné ? Pour ne se fâcher avec personne ? C'est comme ça, maintenant : il ne faut plus se fâcher ! « Le groupe vit bien », c'est ce qu'on entend partout mais ça m'inquiète. Pour moi, si le groupe vit bien, c'est qu'il y a un problème. Le groupe vit s'il y a des querelles, des accrochages à l'entraînement. Il ne faut pas que rire entre coéquipiers, il faut aussi s'engueuler. Les mots peuvent dépasser les pensées, on peut en venir aux mains mais c'est par passion. Tu sais que le week-end, tu pourras compter sur un compétiteur. Ça aussi, on l'a perdu. Comment recréer ça ? En revoyant notre formation, notre préparation, notre mentalité, en faisant jouer nos jeunes. On est champions du monde des moins de 20 ans en 2018 mais combien d'entre eux jouent en Top 14 la saison suivante ? Il faudrait peut-être que les clubs prêtent ces jeunes en Pro D2 pour qu'ils jouent tous les week-ends…

Tu sais, je commente la Pro D2 sur Eurosport et je peux te dire que le rythme y est très éloigné du niveau international. J'en ai parlé récemment avec Cameron Woki, le troisième ligne champion du monde de l'UBB. Je lui ai demandé si le jeu allait plus vite avec le Top 14 ou avec les moins de 20 ans. Sa réponse ne m'a pas étonné : ça va beaucoup plus vite avec les moins de 20.

D. Y. : À la fin de ma carrière à Biarritz, quand on se battait pour le maintien, une phrase m'a marqué : « Jouez pour ne pas perdre. » La consigne n'était pas de jouer pour gagner ! Quand tu joues pour ne pas perdre, tu restreins le jeu, tu fais des choses simples : conquête, jeu au pied, buteur… Aucune relance dans nos quarante mètres. J'ai vu la différence avec le jeu qu'on pratiquait quand nous jouions les premiers rôles. Là, de la 9e à la 14e place, tu joues sur un rythme encore plus éloigné du niveau international. Pour moi, le système du Top 14 est aussi à revoir. Le chantier est tellement gros entre la formation, la transmission, la responsabilisation des joueurs, le Top 14… On devrait aussi revenir à des salaires plus justes, basés sur la qualité des joueurs et non sur leur statut de JIFF ou pas… J'observe aussi que dans le

Tournoi des Six Nations, la seule qui n'a jamais fait appel à un technicien étranger pour le staff de son équipe nationale, c'est la France. Ils créent leur staff sur la compétence alors que nous, j'ai l'impression qu'on recrute par rapport à ce qui est disponible, en cherchant à ne pas faire ombrage aux clubs de Top 14 – il me semble d'ailleurs qu'il y a de moins en moins d'entraîneurs français qui veulent le poste. C'est quand même dramatique de voir les entraîneurs préférer rester dans leur club.

La différence, pour les nations dont tu parles, c'est qu'elles choisissent un entraîneur capable de porter le projet qu'elles ont défini. Nous, on choisit un entraîneur qui arrive avec son projet. Ça n'est pas cohérent.

D. Y. : Notre grand souci en France, c'est que le Top 14 a pris tellement d'importance que ses intérêts passent avant ceux de l'équipe nationale. J'ai la profonde conviction que la vitrine d'un sport, c'est son équipe nationale, pas son championnat domestique. Pourquoi le handball réussit-il aussi bien ? Parce que la vitrine est la priorité, ce qui n'est plus le cas dans le rugby.

Beaucoup d'internationaux français de handball jouent dans des clubs étrangers, encore qu'ils en reviennent, mais ce qui est sûr, c'est que, au niveau de la formation, la Fédération française a pris les choses par le bon bout et leurs standards de sélection pour les équipes jeunes sont très relevés. Le problème du rugby français, c'est qu'il n'est pas capable de travailler ainsi à l'unisson. Il y a trop d'intérêts divergents.

D. Y. : Quand tu mets trop d'argent, tu retires les intérêts prioritaires. Chacun veut garder son pécule et ne veut rien faire pour faire évoluer une situation qui lui rapporte trop d'argent. Parmi les entraîneurs et les joueurs, personne ne veut faire bouger le système. Est-ce qu'on a entendu un joueur taper du poing sur la table et se plaindre de la lenteur du jeu en Top 14, des manques dans la formation qu'il a reçue ? Bref, c'est le chantier et il faut tout reprendre à la base. Déjà, comme première mesure, je me pencherais sur les éducateurs, en remobilisant les anciens joueurs des clubs pour leur donner une formation pédagogique.

L'expérience d'une longue carrière ne suffit pas, ils doivent d'abord apprendre à transmettre. Mais c'est évident qu'il faut se servir des anciens joueurs.

D. Y. : Il ne faut pas cracher sur les éducateurs actuels qui sont bénévoles, qui sacrifient leurs mercredis et leurs samedis. Les anciens devraient les épauler. Mais il faudrait un projet. Si c'est pour dire : « Yachvili entraîne les Poussins du BO », ça ne m'intéresse pas. Si la politique sportive était définie, si dans chaque tranche d'âge on appliquait la même, alors là, les anciens trouveraient leur place et donneraient une crédibilité à l'enseignement. J'ajoute qu'ils pourraient aussi apprendre aux jeunes l'histoire de leur club et ça n'est pas anodin. Remettre au goût du jour la technique individuelle et l'instinct. C'est de là qu'il faut partir en sachant que ça prendra du temps. Peut-être qu'il faudrait, comme tu l'as dit, Olivier, sacrifier une génération en équipe de France.

Quand on entend les joueurs de l'équipe de France, après une défaite, répéter qu'ils n'étaient pas loin. Ça ne veut rien dire.

D. Y. : Ça veut dire : « Continuez à nous sélectionner. »

Dimitri, nous avons, toi, moi, et beaucoup d'autres anciens internationaux, des convictions qui, je le pense, pourraient contribuer au changement nécessaire dans le rugby français. Mais penses-tu que le système est verrouillé et qu'on ne pourra rien faire ?

D. Y. : La réponse est dans ta question : c'est verrouillé.

Et comment débloquer ça ?

D. Y. : C'est déjà bien de partager nos idées. Moi, je parle avec mon cœur, sans aucun intérêt.

Certains perçoivent nos prises de position dans la presse comme des attaques personnelles. C'est juste que ça nous fait mal de voir le rugby français dans cet état. Cette génération de joueurs n'aura pas pris de plaisir sur le terrain et n'aura pas eu de représentation du jeu français comme nous avons pu l'avoir. Nous, nous avons gardé de bons souvenirs de nos moments en Bleu, parce que nous sommes allés au bout des choses. Avec nos moyens du moment, certes, mais nous avons pris la responsabilité de ce que nous avons fait.

D. Y. : Force est de constater que le système est plus fort que les convictions. Moi, j'ai mis un genou au sol. Comment faire pour renverser le Top 14 ? Je partage mes idées à travers mes commentaires de matches de Coupe d'Europe, à travers des interviews dans la presse, mais comment faire plus ? En prenant le pouvoir ? Je n'ai pas besoin de ça pour vivre, même si j'aime aller sur les matches pour les commenter, parler du jeu, de son environnement… Le pouvoir ! Quand tu l'as, tu ne vas pas à l'essentiel. Tu veux te faire réélire. Les joueurs, ceux qui sont sur le terrain, ont le vrai pouvoir.

Encore faut-il être capable de l'assumer. Les joueurs actuels ne sont pas armés pour prendre la responsabilité du jeu. À Toulouse, le projet de jeu a été redéfini par Didier Lacroix qui s'est entouré des anciens ; ils ont fait confiance aux jeunes : les Ramos, Cros, Marchand, Dupont, Kolbe sont de super joueurs de rugby capables de jouer le jeu de vitesse qui correspond à la culture du club.

D. Y. : Qu'on ne dise pas que l'arrêt Bosman empêche de faire jouer les jeunes Français. Il n'oblige pas non plus à recruter des joueurs étrangers.

Moi, je pense qu'il faudrait un gentlemen's agreement, entre tous les clubs, pour décider qu'on ne prend que cinq étrangers par club.

D. Y. : Complètement d'accord. C'est un peu ce qu'a réussi le rugby anglais. Mais, les Anglais ne sont pas comme nous. Quand ils décident de changer un système, tout le monde y va, main dans la main. Chez nous, il y en aura toujours un pour contester, pour trouver une excuse.

Je n'espère qu'une chose, c'est que, à travers nos commentaires, nos articles, il y ait aussi une réflexion à tous les niveaux. Est-ce que Bernard Laporte, quand il lit le journal, ne se pose pas de questions ? Certainement.

C'est un passionné, un entraîneur qui a de la légitimité... Et les entraîneurs des équipes professionnelles, eux aussi, peuvent se dire qu'ils ont le pouvoir de faire évoluer le jeu.

D. Y. : J'ai eu beaucoup de retours positifs pour une interview dans *Midi olympique* parue juste avant le Tournoi 2018, dont ceux de joueurs actuels qui me remerciaient de dire tout haut ce que beaucoup pensent tout bas. Alors que je n'ai pas l'impression d'avoir fait de grandes révélations. Juste dressé un constat. Je m'aperçois que, en commentant la Coupe d'Europe depuis cinq ans, je me sens beaucoup plus attiré par le rugby anglo-saxon. De les voir évoluer ainsi, ça me donne envie de réfléchir au rugby de demain pour le mettre en place maintenant, comme le font les All Blacks. Ça doit être tellement enrichissant.

J'ajoute que les Britanniques et toutes les nations du Sud ne sont pas sur la rétention d'informations. Ils partagent parce qu'ils ont compris que le secret n'est pas l'information en elle-même mais l'état d'esprit qui la porte. Chez nous, ça va un peu mieux puisque les clubs commencent à partager avec l'équipe de France mais on continue quand même à protéger son pré carré. C'est dur de faire parler les techniciens de leur projet de jeu.

D. Y. : Au niveau international, le rugby français n'est plus une référence, comme ça l'était auparavant.

Scott Robertson, l'entraîneur des Crusaders, m'a vraiment surpris lorsqu'il m'a dit : « Vous ne pouvez pas savoir combien l'équipe de France a été une source d'inspiration pour les All Blacks. » Mais on ne s'en rendait pas compte. Il n'y avait pas les moyens de communication actuels. Ils ont été marqués par des joueurs emblématiques depuis l'après-guerre.

D. Y. : Si tu regardes depuis l'après-guerre, l'image que les étrangers se sont forgée de nous, c'est un gros paquet d'avants agressifs et des trois-quarts volatils et techniques. Ça, je crois que c'est en nous. Parce que c'est notre ADN, notre manière de vivre… Pour moi, on ne peut pas changer notre culture mais c'est pourtant ce qu'on est en train de faire. Et je ne parle pas que de rugby mais plus largement de nos comportements en famille ou en société.

Le rugby doit jouer un rôle d'exemple dont notre société a besoin aujourd'hui. À ses origines, ce sport a été développé pour éduquer la jeunesse et il doit absolument retrouver cette fonction. On peut facilement basculer pour redevenir un sport éducatif qui donne des repères à des jeunes qui en ont tellement besoin.

Mais le rugby est tellement sali aujourd'hui par ces histoires de commotions. Ça aussi, c'est un problème sociétal. Les gens vont au stade pour voir Tuisova percuter son adversaire qui fait deux roulades arrière, et ils sont contents. Après, ils rentrent chez eux, apprennent qu'il y a eu un mort sur un terrain, et ils pleurent. On ne veut pas le voir mais il y a un côté sombre dans notre sport. Il a toujours existé et je ne pense pas que le rugby soit réellement plus dangereux qu'il ne l'était il y a dix, vingt ou quarante ans. La différence, peut-être, c'est qu'on nous a appris à plaquer. Avec mes 85 kg, quand un type de 120 kg m'arrivait dessus, je ne pouvais pas le prendre au buffet car il y avait une trop grande différence physique. Comme maintenant, même les trois-quarts sont hypermusclés du haut, ils se sentent forts et font moins attention à comment positionner leur tête ou leur épaule. Moi, je plaquais avec les jambes, comme on me l'avait appris, mais ça aussi fait partie de la technique qu'on a abandonnée. Aujourd'hui, les joueurs se sentent gaillards grâce aux muscles qu'ils ont développés mais la force la plus importante, elle vient de l'intérieur. Kolbe, l'ailier sud-africain de Toulouse, renverse tout grâce à sa force intérieure et pourtant, quand tu le vois de près, c'est une crevette avec une tête d'enfant. J'adore ce joueur.

Quand un joueur comme Tuisova va défier son adversaire, ça peut être très dangereux si le choc intervient sur une partie sensible du corps. Car en plus de la masse, il y a la vitesse de types qui font onze secondes au cent mètres.

D. Y. : C'est l'équivalent d'un accident de voiture…

Il y avait d'autres gestes dangereux avant, mais ce genre de situation, quand tu vois un arrière qui fait 1,95 m, 100 kg, qui prend le ballon au fond du terrain, qui se lance à pleinc vitesse en visant délibérément un adversaire en négligeant les partenaires disponibles, ça fait peur !

D. Y. : Est-ce que tu vois beaucoup de Français faire ça ? La plupart du temps, ce sont des étrangers, et notamment des îliens, qui font ça. Ce n'est pas Ramos ou Médard qui peuvent le faire ; ils ne sont pas assez gaillards.

Comment faire ? Sanctionner plus durement ?

D. Y. : Mais sanctionner quoi ? Le règlement le permet. C'est dans la mentalité du joueur de rechercher des espaces ou l'affrontement direct. Et à l'entraîneur de lui dire. Je suis désolé mais force est de constater que les accidents impliquent souvent des joueurs étrangers. Je me suis rarement trouvé dans pareille situation, à un contre un, que le mec vienne m'emplafonner. J'avais plus peur qu'il me cadre et fasse un deux contre un. J'avais peur de me faire avoir alors que, maintenant, tu as peur de te faire rentrer dedans.

Je me rappelle être allé jouer pendant trois mois, en 1995, pour une université australienne à Sydney. Pour mon premier match, avec l'équipe 5, il y avait en face un arrière très costaud. C'était un treiziste. Je le vois arriver, balle en mains avec du monde autour, et je me demande à qui il va la donner, quand il vient me chercher plein fer ! J'ai été tellement surpris que j'ai valdingué en arrière et cela a bien fait rire tout le monde...

D. Y. : Je crois aussi que les joueurs de l'hémisphère sud se sentent plus gaillards que les autres dans notre championnat. Parce que tu ne vois pas ce genre d'actions en Super Rugby. Quand je jouais contre les All Blacks, ce qui n'était pas le cas face aux Sud-Africains, je n'avais pas peur qu'on me rentre dedans, ça allait tellement vite, ils créent tellement d'espaces, c'est tellement beau, finalement, que tu demandes où ça va aller. Alors qu'en Top 14, un joueur qui monte en défense a certainement plus peur de se faire rentrer dedans que d'être fixé par une passe. C'est ça qui a changé, avec, aussi, l'apprentissage du plaquage qui a été délaissé.

Malheureusement, en France aussi, on a valorisé « le joueur qui avance à l'impact ». Cela a commencé avec Chabal…

D. Y. : Moi, à chaque commentaire, je ne me prive pas de critiquer un joueur qui choisit de percuter alors qu'il avait une solution de passe, même si la percussion est spectaculaire. Parce que je sais que nos commentaires peuvent influencer la façon de jouer, ou de voir le jeu, de ceux qui regardent le match.

As-tu le sentiment que ce que nous disons là est partagé par beaucoup de monde que tu croises dans le milieu ?

D. Y. : Je pense que beaucoup sont d'accord mais que très peu veulent le dire. Pour quelle raison ? Je n'en sais rien, mais je m'en doute. Il y a beaucoup d'intérêts personnels à perdre. Après l'interview dans *Midi olympique* où je dénonçais un peu tout ça, j'ai reçu des messages d'approbation de responsables en place. Je ne leur ai pas répondu. Ils ont le pouvoir, alors pourquoi ne font-ils rien, ne disent-ils rien, s'ils sont d'accord ? Mon seul intérêt, c'est que l'équipe de France retrouve le Top 3 ou le Top 5 mondial. Nous sommes un pays avec plus de soixante millions d'habitants et nous sommes dixième nation. C'est dramatique, alors que le rugby étend son influence sur tout le territoire, bien au-delà de la Loire... Mais bon, le train est parti, il va falloir essayer de le rattraper. Des gars comme nous, et d'autres, avons de l'expérience et, surtout, avons goûté à ce qui se fait à l'extérieur. La consanguinité du rugby français ne le fait pas avancer. Comment aller au-delà du système ? C'est difficile, Charly.

J'aimerais qu'on soit entendus. Qu'on arrive avec un projet, une vision. Qu'on définisse des objectifs avec tous les acteurs du rugby français. Je ne sais pas si ça sera possible, mais je sais que c'est indispensable. Je vois comment évoluent des nations qui sont encore derrière nous, comme les Tonga, les États-Unis, la Géorgie, mais qui mettent en place un rugby ambitieux, souvent porté par des entraîneurs néo-zélandais. Attention, elles risquent de nous passer vite devant ! Pour la Coupe du monde, on se dit qu'on a deux adversaires dans la poule, l'Angleterre et l'Argentine, mais je ne suis pas certain que les matches contre les Tonga et les États-Unis seront aussi faciles qu'on le dit.

D. Y. : Je crois qu'on représente quand même quelque chose, qu'on peut avoir un écho important.

Le problème, c'est qu'on n'entend plus que les dirigeants dans le rugby français. La voix des joueurs est inaudible…

D. Y. : Tu connais le nom du président de la fédération néo-zélandaise ? C'est pourtant un des hommes les plus importants de son pays. Tu connais le président du Leinster ? Ces gens-là président, point.

J'aime l'idée d'un directoire pour diriger la Fédération ; qu'il n'y ait plus de président unique qui concentre toutes les décisions.

D. Y. : C'est un fonctionnement anglo-saxon où le manager manage, l'entraîneur entraîne et le président préside. Chacun est à sa place. J'aime bien la façon dont le club de Lyon s'est restructuré. Yann Roubert, le président et actionnaire, a placé des responsables compétents et autonomes sur chaque secteur. Il s'était fixé une ligne d'objectifs de progression sur dix ans et il s'y est tenu, tout en restant discret. Si Mignoni décide de prendre un joueur, Roubert ne va pas s'y opposer alors qu'il y a tellement de clubs où tu as l'impression que le président fait le recrutement. Qu'il choisit pour se rassurer un centre de 120 kg et le refile à son entraîneur qui ne dit rien, par peur de perdre sa place, même si ça ne cadre pas avec son projet de jeu.

Chapitre 14
Mes propositions

Pour une Académie du rugby

J'aimerais qu'on crée une synergie entre toutes les composantes du rugby français pour élaborer un projet qui nous engage, tous, dans un cercle vertueux, générant le partage et l'enrichissement des idées. J'aimerais qu'on se demande, tous ensemble, pourquoi on a été amené à se regarder le nombril dans son club ou dans sa DTN. À nous recroqueviller sur nous-mêmes, à ne plus vouloir échanger et réfléchir avec les autres...

Il n'est pas interdit de croire qu'on puisse tous se retrouver dans un nouveau rugby « made in France » qui nous amène à rivaliser avec les meilleurs. Parce que je ne crois pas qu'on ait perdu notre ADN. Le rugby français a quand même une identité, quelque chose de très fort, qui a été construit sur toutes les équipes de France du passé. On nous caractérise encore par le *French Flair*, par cette idée qu'on est capable de faire des choses extraordinaires. Il faut y croire.

Cette foi devrait être portée par la Fédération, mais pas par un seul homme, que ce soit le président, le sélectionneur ou le DTN... Regardez tous les espoirs placés en Guy Novès ; il n'a pas pu redresser la barre. Aujourd'hui on a clairement identifié le rugby performant à très haut niveau. Celui qui pense encore l'être en ne proposant que de l'affrontement et un rugby d'attente n'est pas crédible... Ce n'est qu'à travers ce projet commun que le rugby français y parviendra ; en laissant bien sûr à chacun les moyens d'être entendu.

De ce que j'ai vu du La Rochelle de Patrice Collazo, c'était loin d'être un rugby restrictif. Même le Castres de Christophe Urios, si l'on prend la finale 2018, ce n'était pas le rugby de Montpellier. Si les Castrais ont gagné, c'est parce qu'ils ont pris plus d'initiatives que leurs adversaires. Je ne peux donc pas croire que Collazo ou Urios soient si éloignés de mon rugby, de celui de Fabien Galthié ou de celui de Pierre Villepreux.

Il y a, en France, des techniciens exceptionnels. Certains sont reconnus à leur juste valeur et beaucoup d'autres ne le sont pas. Je fais partie d'une génération de joueurs ayant toujours la foi dans ce jeu marqué par l'ADN du rugby français. Nous ne demandons rien d'autre que de transmettre ce qu'on nous a transmis. Il y a beaucoup de gens avec qui je peux passer des heures à parler du jeu, puis à le conceptualiser et le formaliser. Vous avez lu les réflexions que j'ai échangées avec Pierre Perez, Pierre Villepreux ou Dimitri Yachvili. Mais il aurait pu y en avoir d'autres…

Je ne dis pas que Didier Retière, l'actuel Directeur technique national, n'apporte pas ce qu'il peut, mais je suis convaincu qu'il n'est pas dans les meilleures dispositions pour exprimer au mieux ses compétences. Plus qu'un DTN avec une position dominante, il serait bien plus crédible et efficace s'il était une sorte de président d'un comité d'élite réfléchissant sur l'actualité du jeu et sur ce qu'il sera dans dix ans. Ce comité – je propose de l'appeler « l'Académie du rugby » – devra faire part de ses avis à tous les acteurs de ce jeu. Pour la composer, il faudra des gens qui ont éprouvé leur expérience à la fois dans la compétition et dans la formation. Ils devront se déclarer.

Cette Académie supervisera tous les entraîneurs et n'attendra pas, pour désigner le futur entraîneur de l'équipe de France, qu'il gagne un titre l'année qui précédera sa nomination. Ça se fera sur la régularité ; le sélectionneur devra coller avec la philosophie générale. L'entraîneur de l'équipe de France doit être nommé sur une continuité, comme ça se fait chez les All Blacks. C'est le projet qui est prioritaire, pas l'entraîneur. En France, on change tous les quatre ans de sélectionneur et de méthode ; il n'y a jamais eu de transmission entre le partant et le nouveau, ni même, souvent, de continuité ou de cohérence.

Cela n'empêche pas de faire, avec le sélectionneur, un bilan à mi-mandat pour comparer objectifs et résultats. C'est ce genre de réflexion et de projet que peut assumer une Académie, sans le souci électoraliste du président de la Fédération. Cette sorte de « haute autorité » du rugby doit se placer au-dessus des intérêts particuliers, rappeler à tous, en permanence, les exigences de l'excellence, et créer un lien permanent entre mondes amateur et professionnel. En ce sens, quitte à les faire tourner, les meilleurs entraîneurs du Top 14 devront évidemment faire partie de l'Académie.

Est-ce que concrètement, on peut perdre sur une période tout en semant les graines qui nous permettront d'être parmi les meilleurs de façon pérenne ? Prenez l'exemple de Clermont, ce club qui a tant perdu lors de la saison 2017-2018. Les fondements sont solides et je suis sûr qu'on va les retrouver toutes ces prochaines années. Parce qu'ils ont un projet et des bases. J'insiste, il faut définir un projet collectif de tout le rugby français, pas celui de la seule Fédération. Tout le monde doit le partager et, pour cela, il doit être séduisant, proposer un jeu qui suscite de l'enthousiasme, du plaisir, du spectacle et de l'émotion. Et des victoires.

Changer le Top 14 pour changer l'équipe de France

Notre système paraît bloqué entre les intérêts des clubs, soucieux de préserver leur intégrité économique, et ceux de l'équipe de France, qui n'a pas à sa disposition des joueurs habitués à soutenir le rythme et l'intensité des matches internationaux. Si l'équipe de France a si peu de résultats, c'est bien le championnat qui en est, partiellement, responsable. On a longtemps estimé que c'était le trop grand nombre de matches disputés par nos internationaux qui était la cause principale de leur faible compétitivité. Alors, la Fédération s'est engagée dans un long bras de fer avec la Ligue pour augmenter le temps de mise à disposition des internationaux pour l'équipe de France.

À mon avis, on s'est trompé car il ne faut pas croire que le progrès viendra en mettant les joueurs quatre mois par an (hors Coupe du monde) à la disposition de l'équipe de France. D'abord, parce qu'à un moment les clubs finiraient par dire stop, et puis parce que je pense qu'il y a mieux à faire. Plutôt que d'augmenter sans cesse le temps de présence des internationaux à Marcoussis, je serais même enclin à le réduire, parce que la meilleure des préparations, c'est le jeu qu'on a l'habitude de pratiquer avec son club, là où se forgent l'intelligence tactique et la force mentale.

À condition, bien sûr, de faire évoluer le jeu du Top 14. Beaucoup de clubs n'ont pas, ou peu, conscience du niveau d'exigence que représente le haut niveau international. Quand tu es entraîneur de club, tu es dedans, complètement, tu vis avec tes joueurs et tu ne vois plus trop le fossé qui sépare les deux niveaux. La différence entre le Top 14 et l'international est trop importante.

Si Jacques Brunel, ou tout autre sélectionneur avant lui, disposait des meilleurs joueurs d'un championnat préparant tactiquement, physiquement et mentalement au Tournoi et à la Coupe du monde, ceux-ci n'auraient pas besoin de beaucoup de temps pour trouver leurs repères et automatismes dans un jeu qui leur serait naturel. Pour moi, le club est la base de la vie rugbystique, surtout en France mais même ailleurs. C'est lui qui fait progresser le joueur, lui permet de jouer, et qui le paye en plus ! Du temps où je jouais, je n'ai jamais voulu être au repos pour les matches de championnat qui précédaient les rencontres internationales. C'est impossible de vivre sa vie de sportif uniquement à travers l'équipe de France, elle doit être aussi nourrie par le club.

La priorité absolue est donc d'améliorer le contenu et le niveau d'intensité des matches de notre championnat pour y préparer un maximum de joueurs susceptibles de soutenir le rythme des compétitions internationales de haut niveau. Pour cela, je suggère trois mesures qui, évidemment, ne plairont pas à tout le monde. J'en reviens à l'intérêt supérieur du rugby qui est de retrouver une équipe de France spectaculaire et efficace.

Une seule relégation et suppression des phases finales

Pour moi, il est évident que, pour réduire cette pression qui a un effet néfaste sur le jeu, il ne faudrait plus qu'une seule relégation en Top 14. Cela détendrait une grande partie des équipes et – j'ose l'espérer – libérerait le jeu. En revanche, je ne suis pas favorable à une réduction de l'élite à douze clubs. Je suis bien conscient qu'il faut réduire le nombre de matches dans la saison et, pour cela, la suppression des phases finales serait une meilleure solution.

Récompenser l'équipe la plus régulière tout au long du championnat me paraît une bonne chose. De plus, ça supprimerait les impasses qui font tant de mal à notre image. On ne peut pas défendre un rugby spectaculaire avec des entraîneurs qui, pour un match à l'extérieur, mettent au repos les trois quarts de leurs titulaires parce qu'ils préfèrent gagner à domicile, le week-end suivant.

Si, toute l'année, on assiste à un championnat digne de ce nom avec de vrais enjeux pour chaque match, de vraies bagarres pour les places qualificatives en Coupe d'Europe, on créera, de fait, un autre état d'esprit. Il n'y a qu'à voir comment le championnat de Ligue 1 en football est passionnant (hormis pour la première place promise au Paris SG), comme un feuilleton de longue haleine où tous les épisodes marquent un rebondissement dans l'intrigue.

Donc, si on supprime les phases finales, on gagne trois dates. Au-delà des réticences des uns et des autres, il faut prendre une décision qui lésera forcément quelqu'un. C'est une piste que j'explorerais en priorité. Mais attention, la suppression des phases finales constituerait un gros sacrifice pour les clubs et la Ligue. La seule bénéficiaire d'une telle décision, ce serait l'équipe de France.

Limiter à cinq le nombre d'étrangers par club

Avec l'arrêt Bosman, il n'y a évidemment pas de solution légale pour limiter le nombre de joueurs étrangers dans les clubs. Mais, comme le remarque Dimitri Yachvili, cette disposition n'oblige pas nos clubs à recruter plus de cinq étrangers. La règle des Joueurs issus de la formation française (JIFF) est tellement longue à se mettre en place qu'elle a produit des effets pervers avant même d'être complètement appliquée.

Aujourd'hui, la chasse au JIFF entraîne un dérèglement du marché des joueurs et quelques contradictions incompréhensibles : des joueurs de l'équipe de France ne sont pas JIFF tandis que des Sud-Africains ou des Fidjiens le sont. Je poserais le problème à l'envers : comment peut-on faire pour limiter à cinq le nombre d'étrangers par club afin que le championnat de France soit disputé par un maximum de joueurs français ? Avoir des stars étrangères, c'est une bonne chose, pour améliorer le niveau de jeu et attirer les partenaires. Les diffuseurs peuvent ainsi mettre en vitrine des garçons mondialement reconnus afin de commercialiser leurs droits ailleurs qu'en France. Mais il faut limiter.

À défaut de loi, je proposerais un gentlemen's agreement entre tous les clubs pour rassembler tous les présidents sur une idée simple : prendre, tous ensemble, une autre direction pour aller chercher le titre mondial. En pratiquant, bien sûr, un rugby de haut niveau avec des joueurs rompus à cette intensité à travers les matches du Top 14. Quand on parle avec eux, en tête-à-tête, tous les présidents vous disent qu'ils seraient contents d'avoir une belle équipe de France. Est-ce impossible d'aller tous ensemble dans la même direction ?

Évidemment, pour avoir cette force de conviction, il faudrait une Fédération forte et exemplaire et une Académie qui fasse consensus et autorité. Car, selon le droit et les règlements, chaque club est une libre entreprise. Je ne vois pas, aujourd'hui, le président Bernard Laporte aller reprocher à Mohed Altrad, qui paye le maillot de l'équipe de France, d'avoir trop de Sud-Africains dans son équipe de Montpellier.

Chapitre 15

Et maintenant ?

Fin 2020, Bernard Laporte briguera un nouveau mandat auprès des clubs, quatre ans après avoir été élu une première fois président de la Fédération française de Rugby. En 2016, il était à la tête d'une liste d'opposition qui avait battu le « sortant », Pierre Camou, décédé depuis, en août 2018. À l'époque, les très mauvais résultats du XV de France, malgré la nomination de Guy Novès au poste de sélectionneur, avaient été un des facteurs affaiblissant la position du président en place. On peut craindre, malheureusement, que nos Bleus ne seront pas d'un meilleur soutien à Bernard Laporte lorsqu'il se représentera devant ses électeurs et ses opposants.

Car en face, c'est maintenant une certitude, il y aura une liste d'opposition. À l'heure où j'écris ces lignes (mars-avril 2019), rien n'est encore arrêté. Ni le projet, ni les personnes qui le porteront n'ont été définis. Autour de Florian Grill, le président du Comité Île-de-France, élu au comité directeur de la FFR sur la liste « Camou », plusieurs personnalités ont commencé à échanger des idées. J'ai été contacté et j'ai participé à quelques discussions mais il est encore trop tôt pour affirmer que les points de vue de toutes les personnes contactées peuvent s'accorder. Si, au bout de ces échanges, mes idées pour le rugby sont compatibles avec une liste, je m'y engagerai et la soutiendrai à fond. Mais si elle ne me convient pas, je n'en ferai pas partie.

La décision d'écrire ce livre date d'avant ces contacts et ces discussions. Cela fait longtemps que j'ai « mal à mon rugby », que je réfléchis aux causes de son déclin, que j'échange mes idées et partage mes constats avec d'autres techniciens, dirigeants ou joueurs, aussi passionnés et attristés que moi. Ce livre est donc autant le fruit d'une longue réflexion qu'un appel : j'aimerais me retrouver dans une ambition avec des gens qui partagent mes idées et que nous nous rassemblions pour le rugby et pas pour nous-mêmes.

Je pense qu'on ne peut plus, en 2020, continuer avec le mode de gouvernance qu'on a toujours connu à la FFR, régi par les clans ou le copinage. La compétence doit désormais primer sur l'allégeance. Pour cela, il faut d'abord se convaincre d'en finir avec le « président-monarque » qui règne pendant quatre ans ou plus sur la Fédération. Une présidence tournante ou partagée permettrait de ne plus avoir ce système pyramidal où, au sommet, un seul homme décide de tout. Une présidence partagée permettrait de répartir les fonctions et, surtout, les compétences.

Tout cela dessine une forme de gouvernance participative, qui intégrerait – et ferait participer – tous les acteurs du rugby français. Il faut réintroduire le partage au plus haut niveau des responsabilités. Une seule personne, même si elle est entourée, ne doit plus décider de tout. Je ne vois que des avantages à avoir plusieurs coprésident(e)s qui se répartissent des secteurs bien précis avec les prérogatives qui vont avec.

Une fois élu, le comité directeur doit définir la présidence. Partir sur un nombre impair me semble important, pour la rapidité de la décision. Une présidence à trois me paraît envisageable. J'ai beaucoup de difficultés à imaginer une nouvelle Fédération dont le projet serait porté par une seule personne. Son souci de parer à l'immédiat lui interdit la réflexion sur le long terme en consultant toutes les parties. Quoi de mieux que d'ouvrir une nouvelle voie en devenant une Fédération novatrice et inspirante, montrant qu'une autre organisation est possible ?

De la sorte, aucune décision ne pourra être prise à la va-vite, sans concertation. Ainsi adoptée, elle engagera l'ensemble du rugby français. Il ne doit plus être question d'avoir en opposition un président de la Fédération avec son homologue de la Ligue ou un représentant du rugby amateur. Il faut maintenant que tout le monde soit rassemblé autour d'un seul et unique projet. La meilleure façon de montrer cette volonté, c'est qu'au sein même de la Fédération la décision soit partagée et qu'elle soit le fruit d'une large concertation.

Les gens qui dirigent la Fédération devront être complètement désintéressés, non rémunérés. Et ceux qui le sont devront voir leur rémunération réduite afin de ne pas rendre leur position attractive par l'argent qu'elle procure. Cette fonction doit, avant tout, être un honneur. On est parti dans tellement de dérives à ce niveau-là qu'il faut revenir en arrière de façon conséquente et être irréprochable. On a tous des petites choses à se reprocher, mais tout dépend dans quel ordre de grandeur…

L'indépendance et les pouvoirs de la commission d'éthique devront être étendus afin que cette valeur soit replacée au centre de notre sport. Le rugby est réputé pour ses fameuses « valeurs » et, sans démagogie, parce que la plupart sont communes à tous les sports, notamment collectifs, la Fédération devra s'en montrer digne avec un fonctionnement irréprochable et intraitable sur les entorses à l'éthique. On ne peut plus, à ce niveau, tolérer la moindre confusion, le moindre doute.

Pour avancer maintenant, il faut une autocritique de ceux qui étaient en place avant Bernard Laporte et qui, aujourd'hui, postulent à reprendre la direction de la Fédération, aux côtés de Florian Grill. Pour l'instant, je n'ai entendu personne de l'ancienne équipe dirigeante dire : « On a fait des erreurs. » Se sont-ils demandé pourquoi ils avaient perdu cette élection ? C'est facile de dire que Bernard Laporte et les siens ont été bons en communication et ont mieux utilisé les réseaux sociaux. Mais si le bilan des sortants avait été irréprochable, pourquoi n'ont-ils pas été capables de mieux le défendre ? Pierre Camou et les gens autour de lui ont fait des erreurs, et c'est la première raison de leur défaite. Ils n'ont pas su générer le changement nécessaire, pas pris les décisions opportunes pour faire évoluer la Fédération. Bernard Laporte et sa liste ont surtout comblé un vide énorme. Ils se sont appuyés sur une fronde du monde amateur qui se voyait écarté des prises de décisions le concernant, privé d'expression par un mode d'élection pas assez démocratique. Enfin, ils ont rassemblé contre le projet de construction d'un « Grand Stade » qui, à mon avis, était une mauvaise idée.

Bernard Laporte et ses amis sont en place depuis un peu plus de deux ans et il serait malhonnête de les rendre responsables de tout ce qui est dénoncé dans ce livre. Cela fait, hélas, bien plus longtemps que le rugby français est engagé sur la mauvaise voie. Si j'ai des reproches à formuler envers la gouvernance actuelle, j'en ai aussi envers ceux qui l'ont précédée. Le secteur professionnel a aussi sa part de responsabilités, même si l'on vit l'âge d'or du rugby de clubs. Jamais les droits TV n'ont été aussi élevés, permettant au Top 14 d'être le championnat le plus rémunérateur du monde. Pourtant, en termes de qualité de jeu, cette compétition ne peut pas prétendre être la meilleure, ni la plus attractive.

L'ambition des dirigeants actuels de la LNR ne se limite-t-elle pas à rester dans cette configuration, sans se projeter sur un projet global incluant l'équipe de France et le rugby amateur ? Le résultat en est dramatique et tout le monde râle aujourd'hui sur le niveau de l'équipe de France mais il faudrait se poser la question : « Qu'est-ce qui n'a pas été fait pendant vingt ans ? » Et établir la responsabilité des uns et des autres. Quel président de la Ligue ou de la Fédération aurait l'honnêteté d'avouer que, pendant quatre ans, il n'a pas été capable de faire progresser les clubs amateurs, d'aider ceux qui le réclament à mettre en place une structure professionnelle, de faire en sorte que l'équipe de France soit dans de bonnes conditions ? Le président de la LNR pourrait avoir une influence décisive sur la qualité du jeu des Bleus. Il lui faudrait pour cela porter un projet qui n'englobe pas uniquement le Top 14 et la Pro D2.

Je ne crois pas que ça puisse se faire avec cette génération de dirigeants. Ces problèmes de calendrier, de mise à disposition des joueurs, on en parlait déjà quand j'avais 25 ans. Pourquoi n'a-t-on pas agi en vingt ans ? C'est bien qu'on n'a pas voulu, qu'on s'est satisfait de ça. Tout est branlant depuis trop longtemps dans le rugby français. Il faudrait juger les dirigeants sur du moyen terme, avec un projet sur quatre ou cinq ans. Au bilan, on analyserait ce qui a été entrepris pendant ce temps-là et quels résultats on a obtenus. Là, ça aurait du sens.

Aujourd'hui, on se focalise sur les erreurs de communication du président de la FFR. La façon grossière dont il s'est séparé du sélectionneur Guy Novès comme la précipitation avec laquelle il a rompu le contrat de construction du Grand Stade sont deux dossiers qui risquent de coûter très cher à la FFR. Ils sont l'illustration du principal reproche que je fais à Bernard Laporte : avoir accédé à la présidence de la FFR sans s'être préparé sur le fond. Il lui a manqué le plus important : un projet. C'est aussi ce que j'ai dit à Florian Grill quand il m'a contacté : il faut bâtir un projet avec les bonnes personnes.

Je suis persuadé que si Bernard Laporte avait rassemblé autour de lui une équipe sur la base des compétences et non de la connivence, la situation aurait pu être bien différente. Sa présidence n'aurait pas été aussi contestée et mouvementée. Mais il a choisi de s'entourer de trop de gens qui suscitent la polémique ou le rejet. Bernard est un passionné, mais j'ai peur, pour lui, que le prochain train le laisse sur le quai.

Comme le disait Lucien Mias, gagner est une chose ; le faire sur la durée en est une autre. Quand les Bleus, dont il était le capitaine, ont gagné le Tournoi 1958, ils sont allés, derrière, battre les Sud-Africains chez eux... Remporter la présidence n'a pas été le plus difficile pour Bernard Laporte, tellement le vide était abyssal. Mais, il a perdu du crédit dès son entrée en fonction. Son opposition frontale et brutale avec la LNR a été mal préparée, mal fagotée, mal communiquée et finalement mal vue. Il est inconcevable aujourd'hui de vouloir diriger la Fédération française de Rugby contre la Ligue nationale de Rugby.

Au contraire, l'heure est au rassemblement et à la convergence des intérêts communs aux mondes amateur et professionnel. L'un et l'autre ne peuvent s'accommoder d'une équipe de France en désarroi. En ce sens, il me paraît fondamental qu'un ou plusieurs représentants des clubs professionnels figurent dans la liste qui briguera la direction de la FFR aux prochaines élections.

Si j'ai pris la décision de publier ce livre, c'est dans le but d'initier un changement de méthode et de fonctionnement. Il faut engager une profonde réflexion pour élaborer ce projet qui unira tout le rugby français. Ça peut prendre du temps, mais s'il faut s'enfermer pendant des semaines avec toutes les personnes bien choisies, en fonction de leurs compétences, on le fera !

On fera en sorte que le rugby français grandisse, qu'il entre dans la modernité et redevienne une référence. Que ça se passe avec ou sans moi importe peu. Ma personne ne compte pas au regard du retentissement du rugby français à travers son équipe nationale. Si ce livre contribue à son redressement, mon souhait le plus cher sera exaucé.

Annexe

Olivier Magne

Carrière de joueur

1990-1992 Stade Aurillacois
1992-1997 US Dax
1997-1999 CA Brive
1999-2005 AS Clermont-Ferrand
2005-2007 London Irish

Palmarès en club

1993 Champion de France Junior Reichel
1994 et 1996 Demi-finaliste du Championnat de France (avec Dax)
1998 Finaliste de la Coupe d'Europe (avec Brive)
2001 Finaliste du Championnat de France (avec Clermont)

2004 et 2006 Finaliste du Challenge Européen (avec Clermont puis London Irish)

Palmarès en équipe de France

89 Sélections, 14 essais

Capitaine en 2002

9 tournois des V/VI Nations disputés, 4 Grands Chelems

2 Coupes du monde à 15 en 1999 et 2003

1 coupe du monde à 7 en 1997

1992 Champion du Monde Junior

1993 Vainqueur des jeux Méditerranéens

1996 Vainqueur du tournoi international à 7 de Punta del Este

1997 Vainqueur de la coupe Latine

1997 et 1999 Grand Chelem V Nations

2002 et 2004 Grand Chelem VI Nations

2006 Vainqueur du tournoi des VI Nations

Carrière d'entraîneur

2007-2008 CA Brive : entraîneur en Chef TOP 14

2008-2010 France A et France Amateur : entraîneur des avants

2009-2010 Grèce : entraîneur National

2010-2011 France Amateur : entraîneur des avants

2011-2013 Massy-Fédérale 1/Pro D2 : consultant

2013-2016 France U20 : entraîneur

Table des matières

Directeur : Jean-Louis Hocq
Direction éditoriale : Jean-Philippe Bouchard
Assistant d'édition : Maxime Lafon
Couverture : Thierry Sestier
Mise en pages : Nord Compo
Fabrication : Emmanuelle Laine

Achevé d'imprimer en avril 2019
par Normandie Roto Impression s.a.s.
N° d'impression : 1901593

Imprimé en France